现代教育管理与课堂教学实践

李惠燕　著

吉林人民出版社

图书在版编目（ＣＩＰ）数据

现代教育管理与课堂教学实践 / 李惠燕著 . –– 长春：
吉林人民出版社 , 2023.10
ISBN 978-7-206-20426-5

Ⅰ . ①现… Ⅱ . ①李… Ⅲ . ①教育管理 – 研究②课堂
教学 – 教学研究 Ⅳ . ① G40-058 ② G424.21

中国国家版本馆 CIP 数据核字 (2023) 第 199975 号

责任编辑：刘　学
装帧设计：乐　乐

现代教育管理与课堂教学实践
XIANDAI JIAOYU GUANLI YU KETANG JIAOXUE SHIJIAN

著　　者：李惠燕
出版发行：吉林人民出版社 (长春市人民大街 7548 号　邮政编码：130022)
咨询电话：0431-85378007
印　　刷：长春市昌信电脑图文制作有限公司
开　　本：787mm × 1092 mm　　　　1/16
印　　张：10.25　　　　　　字　　数：120千字
标准书号：ISBN 978-7-206-20426-5
版　　次：2024 年 1 月第 1 版　　　印　　次：2024 年 1 月第 1 次印刷
定　　价：60.00 元

如发现印装质量问题，影响阅读，请与出版社联系调换。

前　言

　　教育管理是校领导者以管理规律与教学规律为指导依据，采用科学有效的管理方式，从而使教学活动能够按照既定人才培养目标进行的一个过程，有效的教育管理是保障教学秩序正常运作的前提。科学地组织和协调，使用人力和物质资源的教学体系，金融资源、时间、信息以及其他因素，正确且有效地促进教学工作。教育管理所涵盖的内容较为广泛，对教育管理者的要求也就较为严格，这些教育管理者应该掌握多学科多专业的知识，如管理学、教育学、社会学等，以使这些教育管理者具备组织、协调、决策、自控等方面的能力，同时，还要具备职业道德、服务等方面的意识。只有教育管理者具备了这些素质，才能够及时发现教育管理过程中的各种误区并及时处理，合理分配好各方面资源，同时也能够利用科学的手段来监控教学各个环节的指标，从而做到提高学校的整体教学质量。

　　教育管理是管理者、教师、学生三者之间进行相互交流的一个过程，人在教育管理中占据着重要的地位。教育管理中的人、时间、时空、信息、物资等多个要素，都是在不停变化的，可以通过对这些要素的调整，保证教育管理的成功施行。

　　过去十年来，以大数据与深度学习为代表的人工智能技术的持续突破，不断颠覆人们的既有认知，成为推动社会进步的重要动能。当前，旨在突破人工智能非线性瓶颈的下一代人工智能——精准智能，为处理复杂对象可解释性、泛化性与可复现性等难题提供了可能。对于教育领域，运用各种人工智能算法和模型开展数据驱动的智能分析与精准决策，广泛用于教育测评、智能辅导、自适应学习、课堂评价、数据决策、智能治理等场景，形成了教育研究新范式，促进了教育创新与变革。

　　本书围绕"现代教育管理与课堂教学"这一主题，以教育管理的作用为切入点，由浅入深地阐述了教育管理的过程、教育教学观念及其发展变化、

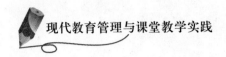

学生教育管理工作及其特征，系统地论述了学生教育规范化管理、教育管理信息化，诠释了基于人工智能的智慧课堂教学模式构建，从多维度视角深入探究了人工智能助推课堂教学创新，以期为读者理解与践行"现代教育管理与课堂教学实践"提供参考和借鉴。本书内容翔实、条理清晰、逻辑合理，在写作的过程中注重理论联系实践，适用于工作在一线的教师，也适用于教育管理者。

笔者在撰写本书的过程中，借鉴了许多专家和学者的研究成果，在此表示衷心的感谢。本书研究的课题涉及的内容十分宽泛，尽管笔者在写作过程中力求完美，但仍难免存在疏漏，恳请各位专家批评指正。

目　　录

第一章 教育管理综述

第一节 教育管理的作用与原则

一、教育管理的概念

教育管理属于一种比较常见的教育现象，拥有很长的发展历史，是教育与科研的相互融合，从中产生新的学术观点，在教育管理领域得到广泛的应用，最早可追溯到 20 世纪中叶。[①] 时至今日，教育管理学界的学者和专家们先后界定了"教育管理"的定义，可谓众说纷纭，各执己见，引起激烈的讨论和争议，目前尚未得到统一。美国学者 D.E. 奥洛斯基曾发表《今日教育管理》等著作，其中界定了教育管理的定义和内涵，并将其拆分为两个部分，即管理科学与教育。在他看来，管理是一种把理性认识转化为有组织地活动的行为方式。随着现代工业社会的快速发展，不同组织相互之间的管理结构越发成熟，表现出较强的渗透力和影响力。管理是一种普遍性较强的活动形式，包含各种各样的内容，这些方面既有差异也有相似之处。管理的内容和形式各不一样，比如商业管理、公关管理、医务管理、教育管理以及其他行业的管理等。尽管管理的类型和形式各不相同，但具体的管理思想和管理方法没有实质性的差别。日本学者安藤尧雄在发表的《学校管理》中对学校管理的定义和概念进行了阐述和分析，在他看来，学校管理指的是涉及学校教育方面的管理活动。从教育管理的层面来讲，既包括对学校设备、设施以及器材工具的管理，还涉及教育计划制定以及教育活动开展等方面的管理。国内张复荃先生在发表的《现代教育管理学》中明确指出，教育管理应该包含在社会管理的理论范畴中，是社会管理的某个关键领域。要想切实发挥教育管理的职能和作用，应对社会管理不同领域的公共职能和责任有深入

---

①[美] 罗尔德·坎贝尔等. 现代美国教育管理 [M]. 袁锐谔译. 广州：广东高等教育出版社，1989：124.

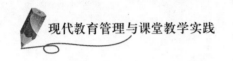

的了解，只有这样才能确保教育管理作用和作用的体现。教育管理的目的是培养优秀的人才，为学习者指明前进的方向和目标。教育管理的客体、教育管理的目标以及教育管理的方法存在一定的差别，使得教育管理的流程和规律同样有所不同，后续对其他领域的延伸和拓展也各不相同。①

教育管理与其他领域的管理相比有着独特的运行规律，在某种情况下也会遵循社会管理的轨迹而处于良好的运行状态。教育管理与社会管理的相互渗透在教育学界引起激烈的讨论，不同的学者和专家有着各自的见解和看法。之所以会出现这种情况，来源于管理的共性和普遍性。

进入现代社会以后，"教育管理"这一概念开始在教育领域被广泛应用。教育管理的出现对原有的教育格局带来剧烈的冲击，原有的教育范畴被打破，教育的发展趋势逐渐朝着社会整体化的方向过渡。假设围绕这一思想为中心来对教育管理的定义和内涵进行综述与分析，那么原有的"教育行政"和"学校管理"就会被排除在外。社会在任何情况下都是完整的系统结构，只会以整体的面貌呈现在大众面前，而教育系统则是对社会系统的延伸和拓展，是独立存在又相互关联的子系统。教育系统和其他社会子系统之间存在密切的关联，既相互独立又相互干预。教育系统的正常运行势必会受到其他子系统的影响，也会对其他子系统的发展产生直观的作用，影响和作用的程度、方法以及层次等存在明显的差别。教育管理活动的开展会受到社会环境的显著影响，同时接受这些因素的制约和限制。作为教育管理部门以及相关领导者，有着各自独立的教育价值观，通过科学合理的方法和手段来开展一系列的教育管理活动，比如教育组织机构的设立与规划、教育工作人员的组织与安排、教育行为的监督与管理以及教育激励策略的提出与实施等等，通过科学的手段来对现有的教育资源进行整合与分配，有效提升整体的教育质量，创造更多的办学效益，维持良好的教学秩序，优化目前的办学环境和条件，进一步推动教育事业的健康发展。随着现代社会的快速发展，学习化社会应运而生，教育管理不单单只是教育部门的职能和责任，也需要得到其他非教育部门的支持和辅助，只有各组织部门相互协调，相互配合才能肩负重要的教育管理责任，才能加快教育事业的发展进程。

①崔立华.走向现代教育治理的教育管理权力重构[J].教育教学论坛，2019(19)：6-7.

二、教育管理育人的途径

为社会培养优秀、具有相应规格的人才，是各种教育组织的重要作用。教育管理变成了培养人才的一种模式。人们将管理育人作为教育组织区别于其他社会组织管理的一个关键点。那么，管理育人的方式方法是什么呢？

（1）教育管理借助创造恰当、有效的育人环境，从而为师生提供相应的服务。教育组织有如下育人环境：①学校的物质环境，包括一系列物质设施，比如，运动场、教室、图书馆与实验室和相关设备等，其可以为育人奠定物质基础。②学校的文化环境，即学习的文化气氛，学风与校风等。其贯穿于各类教育教学活动、校歌、校史展览、校训以及校园生活等层面，其是不可或缺的精神力量。③学校的信息环境是非常关键的，其借助报告会、展览会、校内广播、校报、经验介绍会以及电视等多种方式，让学生与教师可以充分地感受到社会、自然界与相应学科的最新动态。

（2）管理育人，就是说学校的工作条例、所有规则章程以及相应活动均要凸显教育意义，为学生的全面发展夯筑基石。

（3）各教育管理者，既是教育者，也是管理者。其在日常管理中，应当通过自身的榜样示范作用与思想品德，来感化、教育他人。

三、教育管理的具体作用

（一）教育管理的规划作用

1. 规划的内涵

对事物后续的运行与发展进行筹划、制定相应目标的整体设计，就是规划。通过整体来看，规划作用指的是，教育管理的战略发展规划的具体作用，通过微观层面来看，即：学校的事业发展规划的作用与作用。在管理活动中，规划是第一要务，所以，首先应当明确其作用与作用。此处的组织，其实是活动和项目的规划制定之后，由此展开的组织实施。采取组织管理运行方式以及机制，规划与配置一系列资源来贯彻落实该计划。在管理活动中，组织实施是方式层面的其他问题。

2. 规划作用分析

规划作用指的是规划的作用，那么，规划的具体内容大致反映在如下层面：首先，规划中的目标的合理性；其次，为实现目标而提出的工作方案的可操作性。规划属于特定的预期设计，结果具有可预期性，其实，具体的效用应当借助结果进行检验，前面提及的规划的目标的合理性以及方案的可操作性，仅仅是以往的经验性的思想理念。目标的合理性，指的是目标的明确要借助相应的科学程序来实现，是借助不同层面、专家系统的作用来达到的，是通过有效的探究与科学的论证进行明确的。方案的可操作性，指的是实现目标的措施与工作步骤是不是有效、合理、客观，方案的筹划是不是兼顾到了客观条件与各个要素，是不是与这些因素存在显著的矛盾等。根据教育的发展史，较之过去，明显感受到当前的编制规划更加注重实效，目标的设计也非常明确，几乎可以通过定性和定量的指标来体现，可以使用定性也可以使用定量之时，通常是定量体现。在这些指标之中，在定向表达的背后，是通过大量的程序以及很多人产生的。接下来以一个学校的教育发展规划为例进行阐释。

3. 规划的顶层设计作用

无论是微观教育管理，还是宏观的，规划都是顶层设计。在宏观层面，教育管理的规划对发展目标、主要方针、发展方向均展开了科学的设计，描绘了国家或者区域的教育事业规划的画卷。

微观教育管理规划属于学校教育发展的顶层设计。

学校组织发展的基础与前提是微观教育管理规划明确的办学思想。例如，一个学校的办学思想是：围绕着社会主义的办学方向，充分落实党的教育方针；以科学发展观作为支撑，根据教育规律，促进内涵发展；将教学作为核心，将学科建设作为引领，通过不断的革新，显著改进人才培养质量、社会服务能力、科研水平；从地方实际出发，面向全国，为地方和行业提供有效服务，将学校发展成为独特的、具有自身优势的综合性大学①。

通过上文可知，学校围绕着科学发展观，及时明确当代教育发展态势，根据地区经济与社会运行的要求，对现在以及后续相应阶段内学校的发展进

---

① 荣荣，杨现民，陈耀华，等.教育管理信息化新发展：走向智慧管理[J].中国电化教育，2014(03)：30-37.

行准确定义。规划大致体现了如下定位。

第一，发展目标定位：通过数十年的时间，将学校发展成别具一格的、优势独特的高水平大学。

第二，办学类型定位：在持之以恒的努力下，让学校逐步向教学研究型大学靠拢。

第三，办学层次定位：主要发展本科教育，促进研究生教育有序发展，同时兼顾职业技术教育与高等成人教育，并对国际合作教育进行扩展。

第四，学科门类定位：特色是服务行业的优势学科，核心是文、工、理以及农学科，推动多个学科统一发展。

第五，培养目标定位：将学生培养成综合素质良好、基础牢固且视野宽阔的、有创新能力的高素质专业人才。

第六，服务面向定位：从地方出发，面向全国，为地区、行业提供良好服务。

4.规划的战略作用

规划包含了学校、国家以及地区这些层面的教育发展战略作用。其是战略筹划的特定过程，其取决于规划的特性。

国家与地区的教育发展战略将教育的目标方案以及主要方针等，加以系统集成，绘制了中期、长期的发展战略篇章。

根据特定学校的发展规划可知，教育管理具有以下规划作用：

（1）规划明确学校的主要目标。①学科水平显著提升；②人才培养质量得到明显优化；③办学效益显著增加；④师资队伍提升至新的高度；⑤科研实力又创新高；⑥校园建设更上一层楼。

（2）规划制定了目标战略落实的详细措施。

第一，促进重要学科发展，充分提升学科发展质量。①全面落实学科建设规划。②优化学科运行机制与管理体制。

第二，贯彻落实质量工程，对具有创新能力的高水平人才进行培养。①执行人才培养质量工程。②推进教育教学革新。③不断提升学生的实践能力。

第三，执行人才工程，创建优秀的师资团队。①全面执行人才强校战略。②为人才发展构建适宜的环境。

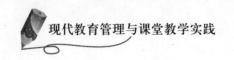

第四，执行落实校园建设工程，逐步优化办学核心条件。①加大建设校园的力度。②全面优化办学条件。

第五，建立学术平台，提升科技创新能力。①推动科技创新体系快速发展。②促进科技和经济运行有机融合。③进一步强化内外学术交流与协作。

第六，推动学校内部管理革新，增加办学效益、提升管理质量。①改进校和院两级管理模式。②促进人事分配制度革新。③为后勤社会化革新提供有效助力。

第七，推动党建工作，为学校的发展奠定坚实基础。①强化领队队伍建设。②推动精神文化发展。③对民主管理的发展机制进行研究。

第八，构建完善的规划落实机制，为发展目标的达成夯筑基石。①强化财源建设。②不断改进规划的制定机制与协调机制。

(二) 教育管理的控制作用

协调和控制，就是执行教育管理的必不可少的部分。其中，控制指的是合理干预组织活动和组织发展，主要是行政性与制度性的干预，还包括强制性干预。协调不仅有控制手段，还可以借助软性与技术的方式，对管理活动中出现的冲突与问题进行处理，例如，借助管理艺术解决争端。此时主要探索的是控制问题。

1. 教育管理可对教育质量进行控制

通过时间这一层面来看，教育质量控制主要包括如下类型：

(1) 前馈控制

基本内容就是，控制教育质量设置的过程，控制教育质量运行的方案设计，最大限度规避可能形成的问题。

(2) 过程控制

其侧重于教育质量活动过程和教育目标之间的契合度。将部分中期评价的行为置于教育运行中，并及时研判调整一些突出问题，让运行过程不会远离正常轨道，为教育质量的提升提供可靠保障。

(3) 反馈控制

该控制并非所有活动都结束了，借助最终结果来反馈，从而进行控制，这是错误的观点。反馈控制依旧存在于管理过程中，可以对特定活动的推进情况进行快速反馈与控制。总结反馈也非常重要，但其结果仅仅是对后续的循环加以管控。应当密切关注反馈信息途径的多样性和有序性，防止出现不良反馈。可以采取构建专业性鉴定委员会等，对反馈信息的权威性进行强化，不能把事后的质量测评作为终点，需主动地为后续的新活动带来优化决策。

2. 教育管理可对教育行为进行控制

教育管理控制作用的第一要务就是对教育行为进行规制。教育行为需从如下层面进行管控，首先，教育的方向性；其次，教育相关活动的行为规范性。

（1）教育的方向性

通过教育的民族性与国家性来看，一国的教育无任何政治性是不现实的。

对于阶级社会而言，与国家经济文化、政治军事以及文化安全等有关的一些技术与知识是有国界的，这是大家心照不宣的事实。通过国家人才战略与民族性来说，人力资本不仅是自身的，还有一些是国家的，原因是中国的教育并非都是自费的，还包括国家的投入，服务于国家，是每位接受教育的人的责任。有关教育的政治方向的问题很容易理解，国家对其的控制也是必经趋势。

（2）教育行为规范

所有管理活动均是人的行为，无论是微观层面的管理还是宏观层面的，行为控制可能是管理活动方面比较烦琐的议题。首先，精准测度人的行为是非常困难的，所以，无法有效研判其与目标之间有多少偏差；其次，在认知人的行为规律上还比较肤浅。这些年，由于行为科学与心理学的快速演变，一些研究者深入研究了行为控制问题。同时，教育活动的人是数个个体构建的群体，对群体的行为进行规制是非常有必要的。

在管理教育组织行为上，通过微观教育管理发现，教育层面的科研和教学活动是高智力型的。师生重在传播知识，并对知识进行研究，他们在执行与教育目标有关的活动时，其行为与其他社会组织具有显著的不同。然而，一般的组织行为管理技术，对教育领域中的行为控制，依旧存在一定价值。其从人的行为与环境之间的作用出发，想要借助控制环境条件，从而管控人的行为，以此推动人的行为逐步靠近预期目标。通过条件的满足，获得满意的结果，对行为进行改善，通过相应的人，对预期结果进行处理，合理给予程序性的行为规范。对于教育管理而言，需助力教育系统的成员，培养正确的工作行为，需为其构建适宜的条件，同时，还需增强满足条件之后，才能获得相应结果。例如，需根据校长应当做到的行为规范和标准，来选拔校长，并为其践行这一职责构建有利条件，才能获得既定结果，获得校长正确的良好的职业行为。

第一，组织行为的改进。这主要是面向与完成工作任务不协调的行为而展开，原因是它们既会对组织目标的达成形成一定影响，还会对组织的作用的发挥造成不利影响，影响到组织的正常发展。

第二，辨识有关工作的行为事件。与组织行为管理技术相同，其非常关注外显的行为，但对不能直接观察的变量则不关注。其仅辨别工作方面的事件，没有关注其他方面的事件。

第三，测量行为：其涉及记录行为与观察行为，再通过最终结果对一系列行为进行描述，从而获得民众的关注。

第四，研究行为能：其涉及把行为与相关环境变量细化为作用因素，挖掘行为与环境的关系。以期寻找到对行为进行控制与制约的因素，为改进行为带来有效依据。

第五，找到改进行为的模式与路径。其主要有如下步骤：基于探究行为作用，对行为和环境事件之间的关系进行探讨，明确因果关系链，同时知晓应用什么方式，对行为进行改进；执行与应用修正技术，手段主要包括消退、增强与处罚等，或者将这些方式相融合；应用合适的增强策略，保持期待的行为；评价全部工作，从而明确改进的方式是不是合理有效，为后续一些问题的解决奠定基础。

四、教育管理的原则

能够正确并充分地展现教育管理活动的特质、规律、实质的这一类原则，就是我们期待的教育管理原则。也就是说，它们是围绕着普通管理学的原理形成的，还可以在教育管理层面应用。在理论上它们是完善的，在具体实践中具有一定的可操作性，能够为教育管理实践活动的顺利展开提供正确的导向。笔者认为，教育管理基本原则主要涉及如下层面：民主性原则、高效性原则、民主性原则、依法管理原则、动态性原则、公平公正原则和整体性原则以及导向性原则。

（一）整体性原则

该原则不仅和教育系统的完整性具有密切关联，还与培养优秀人才的目标息息相关。管理是旨在实现相同目标而调整集体所作努力的特定过程。目标既为管理提供了明确的方向，还是激励被管理者的主要源泉。尤其是当组织的目标全面展现成员的集体利益，并让其和每个成员的目标有机融合时，就会充分调动成员的创造能力、积极性与互动性以及贡大公无私的精神。对教育管理系统而言，管理过程的各环节和不同层面也是根据统一的目标而推进的。该统一的目标让教育的各个工作结合成特定的整体，教育就是以该整体为立足点，对各层面以及各个环节的工作进行协调。系统的鲜明特征体现在，整体的功能比各个部分的总和还要大，该系统原则为整体性原则带来了良好借鉴。系统的功能既反映在数量方面，还集中表现在本质上。一般系统的整体功能，较之各部分的功能，属于特定的质变。在管理工作实践中，往往会碰到全局和局部之间的冲突。通过特定局部看，尽管可以取得相应的利益，但是倘若整体的亏损大于局部利益，那么，就会倡导局部服从整体的理念。通过研究发现，人要有详细的目标，才能激发其潜能，只有实现具体目标之后，才会形成愉悦感与成就感。只有具体化才能维护管理的整体性原则，并贯穿于管理全程，变成比较稳定的宗旨，这样才能充分展现其重要功效。目标管理的重点是将组织的任务转换成目标，同时，让组织的整体目标和各个体、部门的目标相结合，构建部门、组织和个人方向相同、可操作性强且十分清晰的目标体系。其通过目标来引领行动，将贡献与成就当作管理活动的核心，还充分体现了目标完成的整体。

与其他系统相同，教育系统中没有哪一个组织或者个人能够不依靠与他人的协作，就可以独立地满足自己的需求。没有以管理目标为主的合作行为，就不存在管理的整体性，实际上也不会有管理本身。教育系统重有迥异的工作目标，这是社会分工的结果，其离不开基于教育整体目标的互相合作。在功能各异的组织中，整体性原则的展现方法具有一定差别。通常情况

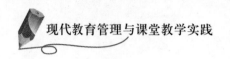

下，看重功利的经济组织，竞争比较突出，基于强制性的军事组织，则强调的是服从。

对于教育管理的整体性原则的落实而言，团结与和谐和合作是比较重要的，但是在具体运行中，有各种方式与强度不一的矛盾与冲突。快速进行研判，并充分减少因矛盾导致的破坏，这是维护该原则的关键层面之一。

(二) 高效性原则

教育管理的高效性原则生动展现了教育管理的本质，是教育管理的具体化，其需要相应的教育资源投入，从而培养出高水平的、优秀专业人才，并提供高质量的研究成果。换言之，就是培养与给予充足的优秀人才与研究成果，教育资源的投入要控制在合理的范围内，产出的数量和质量符合相关要求，以此体现教育管理具有充足的活力。

所有社会机构的活动都要展开效益管理，需优化工作效率。高效性原则表明了教育管理期待实现的目标，这是比较好的办学效益，其主要涉及社会效益、经济效益。办学效益的研判标准，就是教育培育的人才与给予的研究成果对文化发展、社会演进与经济运行有没有发挥良好的推动作用，在实施教育的同时，是否尽可能应用了相应资源，是否有效减少了浪费问题。教育在整体规划、人员应用、专业设置和经费支出等层面，应当具有突出的活力与灵活性，这是确保办学效益优化的基础。然而，尽管与其他领域一致，教育系统也非常看重管理效益，但是，联系教育的组织特征（例如，利益联系机制的松散性等），在探讨教育办学效益之时，需关注到如下方面：第一，在相应的周期内，教育耗费的成本与得到的经济收益无法进行科学衡量；第二，不能应用数字量化教育的社会效益。一般情况下，可以推算的只是一部分资源的应用状况。例如，时间、人员、设备以及图书资料等的应用效率，能够获得概算结果。在过去的数十年间，民众将焦点置于教育组织的效益上，这与其人力资源的实际状况与质量密切相关。人力资源计算是特定的技术，在逐步形成之中，在该技术的支撑下，可以对特定组织中人力资源的价值进行推算，并对管理政策的影响进行评估。然而，教育管理活动的多样性与烦琐性，让当前的技术不能客观、有效地测评一些间接的、迟效性、无形的教育管理效益。这导致我们很难解答怎样才能提升教育管理的效益这一问题，抑或是有什么因素制约着教育管理效益的优化[①]。

一些研究者强调评估教育管理效率的下列层面可以为我们提供相应借鉴。

用人效益：指的是成员潜力的挖掘程度，主要考察当前人力、实际有效应用人力与在用人力，对有效人数和实际人数之间的比例进行推算。

经济效益：是指投入的具体经济价值，有用损耗和无用损耗、产出和投入、无用效果和有用效果。

时间效益：即，时间运筹的有效利用率，法定工作时间和具体有效利用的工作时间二者之间的比值。

办事效率：其还有另一个称呼，即工作效率。管理机构管理具体事务的实际成效，应办的和已办的，处理不当的和有效处理的，在未办公务中，因客观因素引起的件数和因主观因素引起的件数之间的比值。

整体综合效益：指的是教育管理的社会成效，社会满足与认可的幅度等。

(三) 导向性原则

该原则指的是，借助管理模式指引全部的成员朝着预定目标而不断奋斗。我们提出的政策和制定、实施的工作举措以及创建的工作环境等，均能发挥该导向作用。

通过政治引领这一层面来看，导向性原则主要是围绕着教育管理的两重性规律而确立的。教育管理的自然特性让我国教育可以根据对外开放策略，借鉴国外的高端技术与先进管理理念，教育管理的社会属性强调了各个国家之间的教育管理无法都照搬照抄，应当兼顾到各自的社会形态。某国家的政治制度会对该国的教育产生重要影响，还会通过其管理体现出来。在阶级社会中，各个国家之间的社会活动都有阶级的深刻印记，教育活动以培养人才为切入点，倘若从培育人这一视角来实施教育活动，那么，国家的方针政策非常鲜明，就是培养合格的社会主义建设者与民族的传承人。通过这一层面来看，其是形而上的，属于上层建筑意识形态的范畴，这是无法否定的。在教育传播的知识上，教育管理的实际方式，通常管理的原则、知识与技术等层面，不是形而上的，不能将所有东西都政治化，这是大家应明确的

---

① 郑立海. 大数据时代的教育管理模式变革刍议 [J]. 中国电化教育，2015(07): 32–36.

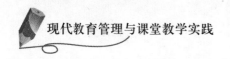

一点。但也不能忽视的是，无论是教育的微观管理，还是宏观管理，对于某国家或者民族，育人的方向性应引起必要的重视，这不是愿意与否的问题，这取决于阶级社会的政治性。

通过管理工作导向来看，包括管理的方式、方案与条件导向以及管理的环境等。组织成员通过管理者的引领，在工作中发挥自己的作用，此外还有心理导向与利益导向的问题。这是通过各个视角来分析导向、应用导向性原则的问题。

(四) 民主性原则

该原则主要取决于教育管理的学术性。要办好开放又封闭的学校，不全面激发师生的创造潜能、不实施民主策略是不现实的，因此，学校在实施重要策略时，应当充分发扬民主精神。教育领域聚集了大量优秀人才，具有良好的学术思想。其实，学校的科研与教学活动属于学术性活动，没有了民主，那么，这些活动就不能顺利展开。通过上文的分析发现，教育系统是存在权力与利益矛盾的系统，策略的提出与落实通常是各层面力量协调的结果。此时任何独裁式的言论均会对教育的学术价值形成不良影响。民主的前提是认可个人价值，学校与其他社会组织相同，要求所有被策略影响的东西，例如，标准与纪律、规划以及法律等，均要展现出民主的原则。学校的民主，集中表现在学校核心事件的策略中每人都有提出自己的观点的权利，组织应在认真倾听员工意见的前提下，根据合理的程序进行抉择。我国实施的是民主集中制，因此在应用民主原则时，集体和国家的利益最重要，是排在首位的，基于此妥善处理集体、国家与个人之间的关系。民主和公正是密切关联的，对于教育管理而言，公正代表着需构建透明、公平的制度规定，人们在拥有公平公正时，还享有民主。公正要求将集体的准则运用至个体，在贯彻落实准则时，应实现公平与透明，不能有以公谋私等现象，还需接受民主的监督。民主性原则指出，教育管理应促进决策实施的民主化、决策制定的民主化以及评估决策实施结果的民主化等。

制定决策的民主化：教育管理层面的决策工作需全面展现民主原则，该民主原则主要反映在使决策的实际执行者民主地参与策略的过程。如此可以群策群力，增强策略的可行性和科学性，让其与现实更契合。个人期待自己能够参与决策之中，个体需耗费相应的时间与心血，部分事情恰好是其冷漠区，例如，校长仅仅是让教师参与部分层次较低的问题，使教师的兴致不高。一些与个人利益息息相关的敏感区，应当提升员工的参与度，领导可以通过这种活动的优势来增强自身的威望。一些问题尽管和教师利益有一定联系，但是还不足以引起教师的重视，也就是，矛盾心理区。此时可以适当让教师参加，例如，设立代表小组来参加。

实施决策的民主化：管理者应当及时明确决策的实施状况，基于此合理调整决策的实施措施与模式，从而为决策的有序推进提供相应保障。此时，无论是改进实施的方案与模式，还是明确实施现状，均需要民主的过程。管理者应当正确对待下属，尊重他们，认真倾听其意见与观点，及时调整执行方案。

检查决策实施状况的民主化：对决策推进状况进行检查时，管理者需围绕决策的实施状况与决策的目标，与自身积累的经验有机融合，合理进行研判。在此过程中，使决策实施者民主的加入检查工作中是十分关键的。

评估决策实施结果的民主化：衡量决策实施的结果，既与该决策的设计者与实施者的工作的测评具有紧密关系，还与下一个决策的制定和实施息息相关。评估工作也需根据民主原则来展开，从而为决策者和实施者的工作积极性的调动提供有效助力，可以充分调动其创造性，以期为教育管理效益的优化奠定基础。

(五) 公平公正原则

这一原则是基于市场经济体制的教育管理活动的根基，是激发相关方主动、快速实现教育目标、完成既定任务的基本条件。所有的教育活动都需要人来实施，人的教育心理活动的主要保障就是公平，否则，没有公平公正，再科学、合理的管理活动，也无法获得良好的效果。原因是，其严重打击了人的热情与主动性，会对人发挥自己的主观能动性造成消极影响，甚至会对生产力形成不利影响。一直以来，一部分管理者忽视了公平公正原则，在管理中忽视了人的感受，强制性地应用权力来实施自己的意愿，甚至站在正义的对立面，允许错误存在，从而使管理陷入失败的泥潭。在具体操作中有许多实例证实，因为没有公平可言，导致一些良好的管理方案与活动趋于表面化，致使效果非常糟糕。

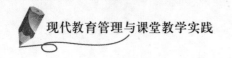

(六) 动态性原则

教育是独特的社会系统，与外部环境之间是互相影响的关系。开放系统的特征之一就是可以对内部的子系统形成一定影响，从而对相应环境中出现的事件进行及时反应。管理活动和管理环境、管理对象具有必然的、实质性的关联。通过探讨教育组织的特点可知，组织的结构、教育管理过程中需实现的目标、完成任务所需的技术与相关人员均处在动态中。如此，首先，教育活动应根据管理的原则与原理来展开，确保管理有序、稳定推进；其次，教育管理的模式、对象与内容等均处于不断变化的态势，在应用教育管理原则时要会灵活变通。

管理学中的权变理论，为一般组织管理原则和各个组织的实际状况的融合带来了特定途径，具备如下基本理念：首先，在学校的管理与组织上，没有最好的通用方式这一说法；其次，在具体的情景中，并非全部管理方式都是一样有效的；最后，组织设计与管理模式的挑选，应当基于具体深入探究情景中的重要事件而展开。权变理论指出，应当以组织目标这一视角为立足点，动态地选取处理突发事件的方式。例如，专制型领导与民主型领导，谁比较好呢，通过权变的方式进行探讨，先要搞清楚好代表着什么内容，"好"是相对的。原因是管理者的动机是尽可能地完成组织任务，"好"，可以阐释为有效的，此时，问题就转换成：什么类型的领导可以为学校系统目标的完成贡献更多力量，这需要对组织运行的有效性与动态性进行合理评估。

处于动态性原则下，教育管理应密切关注旧体制的革新以及旧模式的改革。恩旺克沃在确立教育管理改革的原则时指出，教育领域存在许多力量支持改革，教育管理革新应当在确保教育稳定性不被干扰的基础上，对各个重要的改革进行明确与落实。但所有的改革要实现绝对的稳定，这是不现实的，因此可以说，稳定也是相对的。然而，各项重要的改革需与如下标准相吻合：改革应当实事求是，可以满足社会的需求；改革的顺利推进要求学校的程序、目标与策略以及规划等，有相应的灵活性；改革的成功实现要求革新层层递进，从而为组织与管理系统的稳定奠定良好基石。

第二节　教育管理的过程

所有的管理行为都具有明显的过程性质，归属于管理的理论范畴。随着管理目标的提出与落实，管理活动会趋于渐进式发展，在不同环节发生循环的生成与转化。在社会经济快速发展的今天，原有教育事业迎来新的发展机遇，教育管理的整体质量和水平随之不断提升，这一切都来源于教育管理理念的变革以及教育管理模式的转变。作为教育管理的领导者，应该对教育管理的过程性质有深刻的理解与认知，找出教育管理的特点和规律，并以此作为开展教育管理活动的理论依据和指导思想，为教育管理目标的顺利达成做好铺垫。随着教育格局的转变，原有的教育环境有了显著的变化，教育管理的过程也开始进入新的发展局面。除此之外，教育管理自身的时代性特征也对教育管理过程产生了深刻的影响，使其具有了新的性质和特点，也对教育管理的工作者提出了新的要求，顺应时代的发展，在发展中力求创新与变革，通过教育目标的提出、教育管理的落实以及教育结果的评价来指明教育管理的发展方向，明确具体的实践思路。

一、当代教育管理的过程性质

（一）开放性

当地教育管理过程与原有教育相比，具有一定的开放性。这里提及的开放并非全面开放，也会受到一定的约束和限制，是在合理范围内获得的开放性。原有教育管理与当地教育管理相比，不仅不具备开放性，而且还呈现一定的保守性。随着教育管理机制的完善与健全，无论是教育工作者还是受教育者的行为都会受到一定的约束，只能在特定的空间范围内体现各自的职能和责任，对学生能力的培养与提升相对有限。此外，教师和学生之间的互动与交流也会受到负面的影响，时间一长学生在教学与学习中的主体地位就会受到约束，长期处于被动学习的局面，学生的思维和意识出现严重的固化反应，不利于学生自主学习能力的培养与提升。举例来讲：作为学生，学习是其基本的义务和责任；作为教师，则负责教授学生知识，培养优秀的人

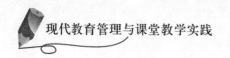
才。只有各主体相互促进，相互协作，各司其职，才能保证教育事业的价值和作用得到充分的体现。

当代教育管理与原有教育管理相比，有着一定的开放性。教育管理工作的开展需体现开放性的基本理念，通过行为表态来对管理关系与状态等产生直观的影响。也就是说，当代教育管理背景下的教育管理对教育管理工作者提出了新的要求和标准，无论是工作态度还是工作方法都需要体现明显的开放性，只有这样才能体现管理的价值和作用。换句话来讲，如果教育管理具有一定的开放性，那么教师和学生在教育管理中的地位就能保持公平平等，如此一来学生在学习中的主观能动性就能得到充分的发挥，激发学生的内在潜能，为教育管理事业的健康发展奠定基础。

第一，当代教育管理的开放性特征对原有教育管理模式产生了深刻的影响，原有的硬性界线不复存在，内外区隔的结构逐渐趋于模糊化，之前的定式格局有了新的面貌，教育管理的缝隙和边界被消除。按照新教育定式的说法和观念，无论是学生还是教师都享有一定的自主选择权。

第二，随着当代教育管理工作的有序开展，教育活动的内容和元素日益丰富，各种不同的元素相互之间形成良好的结构框架，进而衍生出灵活性较强的处理方式，既具备一定的开放性也拥有良好的包容性，为教育管理的变革与创新带来了源源不断的动力。

第三，当代教育管理还表现出一定的透明性。就教育管理的开放性管理工作而言，非常注重信息的交互与沟通，遵循公平、公正的基本原则确保教育管理活动的有序开展，从中获得公平的机会和权利。

(二) 丰富性

当代教育管理互动活动与原有教育管理相比，存在一定的丰富性。随着当代教育管理活动的开展，原有教育管理活动的内容和形式变得更加丰富，为教学管理目标的达成提供了多元的教学服务。举例来说：当代教育管理互动活动的学习标准与原有教育管理模式相比有所不同；当代教育管理互动活动的管理标准与原有教育管理模式相比有所不同；当代教育管理互动活动的教育发展标准与原有教育管理模式相比有所不同。各教学管理的主体在过程性和结果性上表现出不同的差别，通过各主体的良性互动来为教师和学生提供公平、平等发展的平台和机遇，激发学生和教师的热情和积极性，为现代教育管理事业的创新与变革指明正确的方向，满足当代教育管理事业健康发展的基本条件和需求。

（三）转化性

当代教育管理与原有教育管理相比，表现出一定的转化特性。转化主要体现在知识结构和教育理念等方面，通过知识与行为的互动来达到融通的效果，促使学生在学习的过程中实现能力的转化与提升。当代教育管理的创新与变革应尽快提上日程，针对现有的管理形式和管理过程进行优化与升级，以此作为提高素质教育水平的方法和路径，让学生能够接触丰富的教育知识和技能，对于教育事业的健康发展意义重大。教育管理的转化体现在多个方面，比如学生在学习过程中接受的教育知识的结构转化、教育理论和思想的转化以及教学方法和教育能力的转化等等。通过一系列的教育转化来提升学生的综合能力，比如学生的思维发散能力、自主学习能力、动手能力以及思考能力等等。从知识结构转化以及教育理念转化的层面来讲，与当代教育管理的灵活性和开放性相契合，在转化的基础上完成转变与创新，为教育管理水平的提升产生深刻的影响，满足教育管理事业发展的基本需求。

（四）沟通性

从原有教育管理的层面来讲，教育形式相对比较单一，深受原有教育思想的影响，导致教育管理工作人员只关注自身的职能和责任，无法在组织内部表现出较强的变通性与灵活性。随着当代教育管理事业的快速发展，教育管理的沟通性得到进一步的延伸和拓展，为其他教育管理工作的有序开展提供了有力的支持与帮助。总的来讲，沟通性对于当代教育管理事业的健康发展至关重要，是不可或缺的桥梁和媒介，能够让各个岗位之间形成良好的协调性，从整体上突出较强的连续性和开放性，通过资源的整合与分配，确保教育管理工作呈现一定的合理性。对于当代教育管理事业来说，沟通性是最基础的特征之一，只有各主体之间进行良好的沟通，发现问题及时处理，才能突出沟通和交流在当地教育管理领域的重要作用，加快教育格局的创新与变革进程，确保实效性教育工作能够按照既定的计划和要求如期开展，为

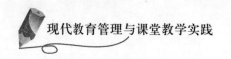

目标达成的执行效率提升创造有利的外部条件，具有重要的教育价值和现实意义。

（五）灵活性

当代教育管理与原有教育管理模式相比存在一定的灵活性。针对当代教育管理来讲，教育管理工作开展的全过程可描述为师生和生生相互交流的过程，通过深入的交流和沟通来达成教育管理的目标。教育管理的全过程是一个复杂的教学与学习的过程中，包含各种不同的情景过程。就某个特定情景来讲，需要根据实际需求和具体情况来提出针对性的教育管理处理方式，并搭配有目的性的基本原则，从而有效体现当代教育管理的灵活性特征。教育管理的因素与方面之间存在密切的关联，共同构成教育管理的过程，为教育管理工作的有序开展做好铺垫，是不可或缺的关键影响因子。随着教育管理事业的健康发展，我们需要对目前的教育管理过程进行改进和完善，通过教育管理情景与过程的协调统一，来为当代教育管理事业的长效发展打好基础，创设良好的外部环境。

二、当代教育管理过程性的特征表现

（一）当代教育管理过程的互动性

与当代教育管理模式相比，原有教育管理的过程非常强调机械过程，与现代化工业生产的过程比较相似，建立一条完整的自动流水线，包含各个工作环节与流程，它们相互之间密切关联，各司其职，相互配合，形成完成的教育管理过程。教育与工业生产相比，会受到人为因素的综合影响，与机械化的流程相比更具人性化特征。也就是说，原有教育管理模式与当代教育管理模式相比，在某些意义上已经背离了教育的本质和价值，进而形成客观与中立的新过程。原有的教育管理过程比较单一，随着教育事业的快速发展已然无法满足人们的需求，早晚会退出教育的舞台。与原有教育管理模式相比，当代教育管理过程往往体现出强烈的互动性，不同的管理要素相互之间形成密切的关联，很难在外部因素的干扰下被分解，很难在外力的影响下发生变迁，同时还具备一定的不可复制的特征和属性。总的来讲，当代教育管

理的过程无论是内容还是流程都表现出一定的价值功能，只有在实践中才能获得意义，展现出更加广阔的发展空间和更多的发展机遇。除此之外，当代教育管理的过程更强调教育的整体性，参与组成整体系统的各个环节相互关联、各司其职，相互协调，在发挥自身作用和功能的同时，有效提升教育管理的整体水平，具有一定的创新性和创造性。

(二) 当代教育管理过程的生成性

教育管理的生成性主要体现在以下三个方面：

1.学生在接触新的知识内容以后可以在学习的过程中产生新的实践能力

从当代教育管理工作的层面来讲，一直以来都非常强调知识内容向行为表现的转化，学生在这个过程中发生着对知识的应用、对技能的实践、对知识的理解、思维的形成以及判断能力的提升等等过程；

2.学生在学习的过程中会发生行为向价值的转化

从教育管理行为的层面来讲，一般被划分成两种类型，一种是细节性的管理行为，另一种是意义性的导向行为。从流程管理的层面来讲，原有教育管理和当代教育管理相比在某些方面表现出明显的差别，比如知识的内容、知识的学习与转化过程、对知识属性的认知以及精神文化的发展水平等等，这些都有助于学生主体地位在教学与学习中的突出与体现；

3.教师在教学过程中会发生管理向教育的转化

从当代教育管理的层面来讲，教育管理的行为其实是一种具有较强过程性特征的行为活动。基于教育属性的视角来说，教育管理在不知不觉中会对学生的行为和思想产生一定的影响，通过教育与管理的相互结合，来体现教育管理的作用和价值，把教育管理行为当成教育理论形成与发展的风向标，为教育价值的体现以及教育目标的达成提供针对性的支持与保障。

(三) 当代教育管理过程的共享性

关于现代教育管理的共享性，可从三个方面来论述。第一，现代教育管理的管理理念具有一定的共享性；第二，现代教育管理的管理关系具有一定的共享性；第三，现代教育管理的管理成果具有一定的共享性。共享性强调

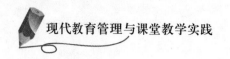

资源的整合与分配，为当代教育管理的内涵和形式丰富产生了直观的影响，有助于当代教育事业的健康发展。个体与教育管理过程的相互配合，能够让我们对当代教育管理的内涵和价值有更深层次的理解，从而维护自身的权益和利益，实现当代教育管理的和谐发展与战略共赢。

总的来说，当代教育管理过程是一个持续发展的过程，让我们对教育管理的特性和内涵有了更深层次的认知，从而体现当代教育管理的各种特征，比如当代教育管理的丰富性、当代教育管理的开放性、当代教育管理的沟通性、当代教育管理的转化性、当代教育管理的互动性、当代教育管理的灵活性、当代教育管理的生成性以及当代教育管理的共享性等。致力于我国教育专业研究的学者和专家们，对当代教育管理工作的研究与发展有着很强烈的意愿和兴趣，希望能够通过一系列的研究与探索活动，来加快我国教育现代化与可持续发展的进程，对于我国教育事业的长效发展有着重要的研究价值和现实意义。

第三节　教育观念及其发展变化

一、教育教学思想观念的演变

教育教学思想观念的体现与表达离不开诸多因素的影响与干预，比如社会的人才观、人才培养的质量观以及教育教学的效率观等。自从进入新时代以后，我国教学思想观念与以往相比有了一定的更新与变革，受原有教育教学思想的影响程度有所下降，不过建国初期的教育教学思想对现代教育仍旧有着一定的影响和干预。

(一)培养人才观念的形成

教育的目的和目标一直以来都没有发生变化，都是为国家建设与社会发展培养大量的合格人才。人才培养目标的实现离不开教育教学活动的开展，只有通过开展教育教学活动才能为人才培养提供平台和载体。现如今，教育部门逐渐意识到人才培养质量提升对教育事业发展的重要性，于是开始对教育教学与科研之间的关系配置进行深入的研究与理解，为教学工作的核心主体地位发挥奠定了基础，带来了积极的影响。也就是说，教育教学的核心任务和目标就是培养合格的人才，这与教育的类型和形式不存在实质性的关联。即便是科学研究，也需要把人才培养放在第一位。作为教育教师，在开展日常教学活动的过程中，应该凸显教学对于人才培养的重要性，在教育教学活动的开展过程中务必履行基本的职能和责任，体现教育教学的目的和意义。现如今，世界教育事业迎来新的发展契机，科技不断进步，社会持续稳定发展，这些领域对人才培养的需求日益紧迫，也对人才培养提出了新的要求和标准。总的来讲，能力本位观点和思想在现代教育教学领域占主导地位。从学生的层面来说，应该通过教育教学来提升自身各个方面的能力，掌握丰富的理论知识和技能，在学习过程中发挥主观能动性，实现个人的全面发展。随着教育教学的改革与创新，教学活动开展也需要满足一定的要求和条件，主要涉及两个方面：一方面，基于理论与实践教学的相互结合，体现两者之间的关联与关系，在关注理论教学的同时，需要给予实践教学更多的重视；另一方面，应该对学校教育与社会教育进行有机的协调与配合，在发挥学校教育职能和作用的同时，突出社会教育对于教育教学目标达成的重要性，缓解学生在学习过程中承担的压力和负担。由此一来，教学中心地位理论在教育教学领域得到广泛的应用与发展，无论是理论教学与实践教学的相结合，还是科研活动开展对于学生能力的培养，抑或是校外培训活动的开展，这些方面基本都提出了完善的产学研究机制，为教育教学活动的有序开展奠定扎实的基础，提供重要的支持与保障。

(二) 提高终身学习和终身教育观念

基于以往的职业教育观念进行分析可知，教育是社会发展与进步不可或缺的活动形式之一，也是影响人一生的教学活动。随着世界科技的快速发展，在世界性社会工作持续波动和动态变化的背景下，素质教育思想应运而生，为终身教育思想以及终身学习观念的形成与完善奠定了扎实的理论基础，在教育教学领域得到广泛的应用与推广。关于教育的性质和属性，学术界出现了激烈的争论，一些学者认为教育是终结性的教育形式，还有一些学者指出教育是基础性的教育形式。随着教育的普及与广泛应用，教育的基础性得到充分的体现，教育能够为学生的个人发展与职业发展带来积极的影

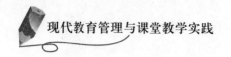

响，是学生进化为科技人才的必经之路，也是学生各个方面能力培养与提升的基础和前提。由此可见，学生能够通过教育来掌握丰富的学科知识、基础技能，还能培养学生的自主学习能力，发挥学生的主观能动性和创造性能力，为学生今后的职业发展奠定基础，创造有利的必要条件。

（三）以学生为本的个性化教学观念逐渐生成

教育教学模式在新的教育背景下也需要有所改变，只有这样才能适应教育群体的变化趋势和特点，这也是教育教学创新的正确方向。随着教育教学的改革与创新，以往的知识转变教育模式逐渐朝着强调智力开发与能力培养的方向发展；专业知识吸收与能力培养的教育方向逐渐朝着延伸知识范围的方向发展，复合型人才是当前教育教学背景下人才培养的最终目标；从以往的统一培养逐渐朝着差异化人才培养的方向发展，重视对学生潜力和天赋的挖掘与开发；从以往关注知识理论传授的教学模式逐渐朝着理论实践的方向发展，突出理论与实践的有机结合，用实践来检验理论的可行性和有效性。

教育原则较重要的一项就是因材施教，通过教育来实现学生的全面发展。无论是教学管理模式的形成还是教学环节的推动，抑或是教学方式的选择，这些都应该尽快达成统一，为个性化教学的兴起与发展奠定扎实的基础，创造良好的必要条件，从而适应当前的教育改革、创新特点以及发展趋势。根据专业需求来定向培养优秀的人才，根据既定的人才培养方向和目标来实现学生的全面发展和自由发展，根据教学工作计划来体现教育教学的灵活性和有效性，从而构建更加完善健全的教育教学机制，为以学生为本的个性化教学观念的形成与发展打好基础。

二、教育教学思想观念变革的趋势

（一）全面落实科学发展观

科学发展观的核心就是发展，而发展又涉及多个方面，主要从两个方面来论述，一方面是人的全面、自由发展，另一方面是教育的发展。教育发展的核心原则和理念是以人为本，人才培养的目的在于实现教育的可持续发展，是教育事业的最终目标，也是社会思想完善与丰富的重要一环。对党提出的教育方针政策等进行深度的贯彻与实施，为素质教育的开展与普及奠定基础，始终围绕发展、提升以及改革的指导方针来推动教育事业的发展进程，转变教育教学的思想和理念，为国家建设与社会进步培养大量的优秀人才，这才是教育教学的最终目的。

(二) 建立健全大教育观

大教育观的形成发展与创新教育资源的共享密切相关，基于对新教材的选用以及立体教材资源的整合，实现教育资源的开发与利用，通过现代化网络教育资源的深度挖掘与共享来构建统一的资源信息平台，设立先进的一体化的数字化资源中心，为全国教育教学活动的有序开展提供重要的支持与保障，有助于教育质量的提升以及教育整体实力的增强。要想完成这一历史性的重大变革与创新，应深入了解教学质量提升所需要满足的条件和要求，考虑到这一目标的系统性和复杂性，应从某些方面出发作为突破口，为教育教学的创新与发展奠定基础，提供支持与帮助。此外，应该发挥政府、学校以及社会等主体在教育教学中的重要作用和职能，为教育质量的提升出谋划策，团结集体的力量来为教育事业的发展提供保障，并针对性地解决教育教学质量提升过程中存在的问题，分析问题形成的根本原因，并提出相应的优化措施和改善方案，为教育教学活动的有序开展带来健康的环境与条件。

(三) 教育教学创新

教育教学创新应该得到教育部门和社会各界的关注与重视，这也是提升教育质量水平和教学能力的基础和前提，是社会各界需要关注和重视的话题。从整体的层面进行分析可知，提高对于任何事业的发展都至关重要，也是社会进步与发展的基础。我国目前的教育教学创新迎来了新的发展机遇，无论是理论的创新还是实践活动的创新，都来势汹汹。不过从形式创新和内容创新的层面来讲，似乎与预期还有着一定的差距。从教学制度创新的层面来讲，应该尽快对现有的教学评估制度进行优化与升级，提出科学合理的专业认证制度，对当前阶段实施的教育基本状态数据发布制度等进行改善与升级；从教学活动创新的层面来讲，需要突出"教授、名师要上课堂"等相关

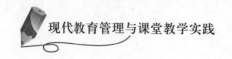

创新活动的主体地位，并利用现有的教学资源来组建现代化的教学团队。不仅如此，还需要体现学生在教育教学活动开展过程中的核心主体地位，让学生来选择学习的课程和专业，采取一系列措施和方案来发挥学生在教育教学活动开展过程中的主观能动性，培养学生的自主学习能力和思想意识，引导学生形成主观的自我责任心，为日常教学活动的有序开展奠定基础。除此之外，还应该关注教学科研活动的开展与推进，并结合当前的教学条件来设立一些激励性的奖励，通过对学生的激励来激发学生的学习兴趣和热情，为教学方法和形式的创新与发展奠定基础，优化教学模式和结构，具有重要的教育意义和现实意义。

第四节　学生教育管理工作及其特征

一、学生教育管理工作的含义

学生的教育管理工作涉及两个方面的内容，一是学生教育，二是学生管理。这里提及的教育可描述为学生道德方面的教育。需要明确的一点是，学生教育和学生管理是密不可分的，二者之间存在密切的关联，既相互影响又相互独立，管理离不开教育的支撑，教育则需要管理来实现。由此可见，优秀人才的培养需要满足两个条件，即教育和管理。

(一)学校的学生教育

学生的道德教育对于学生道德素质的培养与提升至关重要。就国内而言，中国原有优秀文化等一直以来都被当成是开展学生道德素质教育的宝贵财富，是提高学生道德教育水平的重要依据和理论支撑。学生的道德教育对于学校教育事业的健康发展有着重要的意义和价值，只有道德教育得到保障，知识教育才能获得源源不断的力量。学生的道德教育在本质上归入上层建筑的理论范畴，结合马克思的相关理论和思想进行分析可知，上层建筑与经济基础之间的关系和作用是相互的。也就是说，经济基础是上层建筑高度和广度的重要因素，而上层建筑同样也对经济基础提出了新的要求。

中华人民共和国成立以后，学校的学生道德教育得到国家、社会以及学校的高度重视，将其视为是实现学生全面发展的基础和前提。学生道德教育水平的高低，直接影响国家和社会的建设与发展，学生道德教育的作用和价值可见一斑。

(二) 学校的学生管理

1.学校的学生管理的定义

关于学校的学生管理，我们可以将其描述为学校教育者和管理者在开展日常管理活动的过程中，为培养优秀的人才，通过资源整合与分配、教学计划的提出与实施、教学活动的监督与管理以及其他管理行为，来促进学生成长和发展的持续性过程。

2.学校的学生管理工作的内容

学校的学生管理工作通常涉及多个方面，根据学生性质和层次来划分，主要包含四个方面：一是针对专科生的学生管理工作；二是针对本科生的学生管理工作；三是针对研究生的学生管理工作；四是针对成人教育的学生管理工作。依据学生管理的内容来划分，可总结归纳为以下几个方面：德育方面的学生管理；智育方面的学生管理；体育方面的学生管理；美育方面的学生管理；行政方面的学生管理；队伍方面的学生管理。结合管理工作主体的层面来讲，学生是学生管理的主要对象，而学生管理则是学校日常管理工作有序开展的基础和前提，管理的效率和效果直接影响着学校的学风校风，对学校其他工作的有序落实起到重要的引导作用，也是关乎学校长期发展的必要因素，是学生成长与发展的重中之重。作为当代学生，需满足以下基本条件：坚守正确的政治方向；拥有强烈的爱国主义精神；对中国共产党的领导的坚决拥护；对马克思主义思想有深刻的理解和认知；在社会实践中表现优秀；敢于面对困难，努力奋斗；遵纪守法，塑造良好的品格和道德风尚；刻苦学习，掌握丰富的知识和技能。进入新时代以后，学生管理与管理科学的思想理论实现了有效的联动与融合，作为学校的教育管理者，应该强调学生综合素质的培养与提升，通过管理科学思想的引入与应用来推动学生道德教育工作的有序开展，为国家、社会培养一批批优秀的人才。

3.学校的学生管理的本质

学生管理有助于人才的成长与发展，是学校管理不可或缺的重要组成

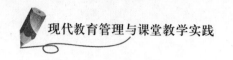

部分之一。也就是说，学生管理在满足管理需求的同时还应该体现其他方面的作用和功能。

（1）学生管理是在学校这一特定的社会组织中进行的

管理活动的开展离不开社会组织的支持与辅助。学校的本质是一个特殊的社会组织，以培养人才为主要目的，而学生管理则是学校管理目标得以达成的有效渠道和路径。

（2）学生管理的目标是培养人才，促进学生的全面发展

学生管理是学校培养优秀人才的方法和措施，根据既定的人才培养目标来开展一系列的学生管理活动，帮助学生在学习中不断成长，为国家建设与社会发展做好准备。

（3）学生管理的实质是要有效地利用学校的各种资源，为学生的成长成才提供指导和服务

学生管理的目的是帮助学生按照既定的要求和标准完成学业任务，促进学生个人的全面发展。学生管理的内容比较复杂，比如对学生行为的约束和规范、对学生群体的正确引导和鼓励、对学生各个方面的帮助与支持以及对学生就业问题的处理等等。

总的来说，学生管理是学校为完成国家和社会赋予的人才培养任务，通过一系列管理活动来帮助学生实现自身的全面发展，基于教学决策的提出、教学计划的制定以及教学活动的组织和控制等，通过教育教学资源的整合与利用，实现学生成长与发展的行为过程。

二、学生教育管理工作的特征

当今在校学生教育管理具有一些新特征，根据管理的四要素，我们将学生教育管理工作具体分为以下四个方面的特点：

（一）学生教育管理主体的层次性

当前，我国学生教育管理工作的主体是一支以专职学生工作人员为主兼职教师为辅的数量庞大、覆盖面广阔的教育管理队伍。具体而言，学生教育管理的组织机构按照层次划分，可分为三个层级：①高层管理机构。高层管理机构主要是指对全校的学生教育管理工作进行统筹规划、组织领导、做

出决策的机构，主要是指校党委会，主要的领导者主观学生工作的党委副书记。②中层管理机构。中层管理机构是在学校高层管理机构的领导下，认真贯彻上级主管部门和学校的方针政策，组织制定学生教育管理工作计划和方案，领导全校开展各项学生教育管理工作的职能部门，主要指学工部、学生处、校团委以及宣传部等部门。③基层管理部门。基层管理部门是指在高层和中层领导部门的领导下，具体开展各项学生教育管理工作，它是学生教育管理工作的基石，主要指院系党总支以及其领导下的院系分团委、学生工作办公室。在这三个层级体系中，既有以学校分管学生教育管理工作的副书记、学工处处长、党总支书记、分团委书记、班主任为主体的专职队伍，也有由校党委宣传部、组织部等政工部门和机关各行政部门有关人员、专业课老师组成的专职人员。因此，可以说，学生教育管理工作的主体具有专兼结合、多层次、多格局的特点，基本实现了对在校学生的全员、全程、全方位的"三全"管理。

(二) 学生教育管理客体的多重性

随着经济的发展和时代的变迁，当今在校学生呈现出多样性的特点，教育管理客体的复杂性增加教育管理工作的难度，具体而言，主要表现在以下几个方面：①从年龄结构上看，他们的年龄一般在18～23岁之间，处于青春期的后期和青年期的早期，他们的生理和心理的变化是人一生中最为剧烈和碰撞的时期。就学生个体而言，是一个复杂多变的矛盾体。②从群体结构上看，随着学校扩招规模的不断扩大，教育从精英教育向大众教育转变，学生群体成分复杂，既有经济拮据的贫困学生，又有家境殷实的富裕子弟；既有得到充分锻炼的阳光学生，又有受到父母呵护甚至溺爱的"温室"学生。因此，学生群体的良莠不齐增加了教育管理工作的复杂性。③从理想信念和价值观层面上看，有的在校学生理想远大，具有多元化的价值观，并且树立了正确的人生观、价值观和世界观，能够自觉践行社会主义核心价值观，引领着学生群体的主旋律；同时，有的在校学生则缺乏远大的理想，功利心很强，做事总是要求现实的回报，目标非常迷茫，价值也异常混乱，世界观、人生观、价值观极度扭曲，缺乏辨别是非能力。④从实践能力层面上看，有的在校学生努力勤奋，深入开展各项社会实践活动，善于在实践活动

第二章 教育规范化管理

第一节 教育规范化的系统管理

组织系统的构建是为了方便组织成员共同完成目的，各个环节对于系统来讲都是不可或缺的要素之一，是影响系统功能和作用的关键因素。系统管理的优势和特征表现在四个方面：第一，一切为目标服务；第二，系统的持续完善与优化；第三，界定具体的过程责任；第四，突出人的主导地位。

一、管理的优化运行是多功能相统一的过程

（一）规范的管理必须形成以教学为中心的系统

教育教学的管理涉及各方主体和各个环节，它们既有各自的特点和特征，又相互影响，密不可分。教学管理工作的开展会受到其他流程和环节的影响，在构建系统时应考虑这一点，为系统的整体运行提供支持与保障。按照系统论的说法，事物性质与结构之间存在必然的关联，管理制度的设计应考虑各个环节之间的关系和联系，有效提升管理质量和效率。系统的管理方式有助于推动管理工作的有序开展，与现代管理学科的理论思想和观念保持一致。作为管理主体，应将系统管理理论应用在管理实践中，为教育教学质量管理的现代化、制度化建设与发展提供思路和方法。

基于学校的职能特征和内容进行分析可知，学校管理工作的开展应突出以教学为中心的原则和理念。系统结构的组成与个体的职能和作用密不可分，也会受到系统结构的直观影响。作为学校，应明确自身的职能和责任，构建完整健全的系统结构，并体现各个子系统的作用和功能。也就是说，子系统与系统结构是密不可分的，一旦脱离整体系统结构，子系统就失去了基本的意义和价值。教育教学的质量管理系统构建，需突出以教学为中心的核

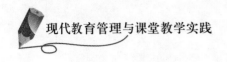

心思想和理念，体现管理过程的职能和作用。

(二) 管理系统各部分必须形成相互促进的关系

子系统离不开系统结构的定义与规制，否则会失去既定的意义和价值。只有在整体系统运行的状态下，子系统才能发挥该有的职能和作用，才能提高系统的整体质量水平。整体目标的设计与子系统的性质和职能密切相关，整体系统对各要素有着一定的制约作用，产生更强的合力。在人才培养模式持续变化的过程中，系统的结构状态出现明显的波动。为了突出整体系统的职能和作用，应对系统结构状态进行优化与调整，保证两者的一致与协调。子系统需围绕整体系统来调整，构成完善的促进关系，在教育教学环境不断变化的情况下发挥教育教学管理系统的职能和作用。

学校是一个完整的系统结构，各部门和单位相互协调，相互关联，相互影响，相辅相成，缺一不可。应该对教学与其他工作之间存在的结构性关系进行深入的研究，形成一体化的管理系统体系，发挥各个环节的重要作用。子系统不能脱离对整体系统的依赖，否则就失去了基本的职能和作用，甚至会制约整体系统的运行与发展。也就是说，学校职能部门之间相对影响又相互独立，应通过整体与部分的协调来提升系统的管理质量和效率。

学校办学需要满足各个方面的条件和要求，相关职能部门应把育人当成主要目标，开展一系列教学管理活动，为教学提供支持与保障。虽然其他工作对于学校管理也比较重要，但一切工作都是为教学所服务的，教学才是办学的宗旨和目的。作为学校职能部门，应通过组织协调来为教学工作的有序开展提供服务，只有这样才能体现自我的职能和作用。

二、管理创新在于建立开放有效的运行体系

(一) 建立以系统为载体的质量保障运行体系

整体性观念对于系统科学的发展具有积极的意义和影响，强调对思想与方式方法的合理运用。学校当前阶段的内部管理体制一般都相对滞后，在目前的教育改革背景下不太适应。受到原有体制的直观影响，管理目标与人才培养目标之间存在一定的偏差，应在教育实践中进行优化与调整，保持两

者的高度统一。围绕培养高素质人才为核心目标，确保教育教学工作的有序开展。

系统的相关性，可以理解为系统内部要素的相互关联，只有发挥各要素的作用和功能，才能影响系统的外在表现。"木桶理论"指出，决定事情结果的往往不是优势，而是短板。也就是说，系统的效益取决于各要素的作用发挥，是不同相关要素相互影响的最终结果。作为学校的管理部门以及管理人员，应该采取措施来对各部门的资源进行整合与利用，构建整体性的优化结构系统，发挥各要素的价值和作用。

基于上述研究结论进行分析可知，学校管理部门应该围绕人才培养的目标和规律，基于对教学工作的支持与保障，构建不同的系统结构，包括四个方面：一是建立有序开展日常教学活动的保障系统；二是，建立与提高教学质量相关的监控系统；三是建立教育教学研究与发展系统；四是建立与专业教学评价密切相关的系统。

（二）质量保障运行体系从根本上保证了教学工作的中心地位

教学工作对于任何一所高等学校都是非常重要的中心工作，其他工作的开展都应该以此为中心，一切工作都必须以有利于教学为基本原则来展开。高等学校的办学宗旨是提高教学质量，学校的日常管理和服务都应突出为教学服务的原则和理念，为教学工作的有序开展提供重要的支撑与保障，高效完成人才培养的目标。构建基于完整系统的质量保障运行体系，主要涉及四个方面，一是为日常教学提供基本的支持与保障，二是有效提高教学质量监控力度，三是展开一系列的教育教学研究活动，四是对专业教学成果进行综合性的评估。这些系统的构建能够对学校的教学资源进行整合与优化，改善学校的教学环境，对教学规律展开深入的研究，实现对完整教学过程的监督与控制，并就教学质量提出客观真实的评价。通过教育教学管理系统的构建与应用，为教学工作的有序开展提供支持与保障，为学校教学质量管理水平的提升奠定基础。

质量保障运行体系的形成与应用，能够发挥学校其他工作的职能和作用，通过系统优势的体现来实现各部门的联动与协调，为人才培养目标的达成提供系统和制度方面的保障。基于系统的组织结构展开分析与论述可知，

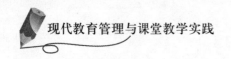

管理系统的构建与学校管理的各个环节和方面密切相关，可摒弃原有的管理模式和理念，形成完整的大系统。整体性系统的构建，有助于解决原有管理模式遗留的问题，实现学校各个工作系统的有效衔接与联动，从而构建全方位、全面性的质量保障运行体系，为人才培养目的的达成提供支持与保障。

第二节　教育规范化管理的日常教学保障

日常教学保障系统的构建势在必行，能够突出教学工作在现代教育中的重要地位，为教学质量的提升以及教育事业的有序开展提供保障。

一、日常教学保障系统的构建及组织保障效用

（一）日常教学保障系统的构建与组织保障作用

1. 日常教学保障的概念

日常教学保障，这一概念的定义可以阐述为，在开展日常教学活动的过程中相关主客体因素为教学活动有序开展而提供的外部保障。

2. 日常教学保障的方式类型

结合学校教育长期以来在实践中总结出的运行规律，可划分日常教学保障的方式类型，大致分为五个方面：一是教学条件保障，指的是为学校的人才培养提供良好的教学条件；二是教学计划保障，指的是为学校的人才培养制定科学可行的教学计划；三是教学运行保障，指的是保障学校人才培养的有序进行；四是教学环境保障，指的是为学校的人才培养提供良好的教学环境；五是教学观念保障，指的是为学校的人才培养传递正确的教学观念。无论是从哪个层面，都与学校各个职能部门和单位的日常工作密切相关，各部门各司其职，相互配合，相互影响，这样才能真正做到日常教学的保障。日常教学是学校教育的中心工作，应该在学校的日常运转得到充分的体现，并提供各个方面的支持与保障。换句话来讲，作为教育部门和单位，有责任尽快构建基于保障教学的结构系统，为日常教学活动的有序开展提供保障。

（1）教学条件保障

从教学条件保障的层面来讲，指的是教学设施的配置、仪器设备的采购与使用、图书资料的准备充足、水电供应的保障以及学校日常教学运转所需经费等各个环节的保障。在日常教学活动开展的每个环节，都应该确保上述条件得到一定程度的满足，为专业教学需求的满足带来积极的影响，尽快把教学内容丰富起来，对教学模式进行不断的创新，在教学方式方法方面有一定的突破；在开展日常教学活动、日常教学实验以及日常教学实践训练等活动的每个环节，都应该提供良好的教学场所，并构筑和谐的教学环境。无论是仪器设备的采购与配置，还是水电供应需求的平衡，都应该维持基本的保障。如果发现问题，需及时反馈，避免日常教学活动的教学进度受到影响，并有效保证教学质量和教学水平。

（2）教学计划保障

从教学计划保障的层面来讲，指的是对现有的专业教学方案进行修订与调整，以及对现有教学大纲的结构进行完善。这些需要满足人才培养的需求，并结合教育改革与创新的趋势和方向来确定新的人才结构目标。作为教育部门与单位，需要结合社会发展的趋势和方向来调整人才培养的内部结构，并对现有的人才培养质量目标进行适当的修改，并尽快完成教学方案和计划的完善与升级。此外，还需要关注任教教师等师资资源的整合与分配，必要时可采取特殊的方案和措施，确保既定的教学计划和大纲能够有序实施，并严格按照国家以及相关部门的质量标准进行监督与检测，出现问题及时解决。

（3）教学运行保障

从教学运行保障的层面来讲，可以理解为在开展日常教学活动时对教学活动的细节提供的保障。总的来讲，教学运行保障的内容包括：管理组织机构的优化与调整；教学规章制度的贯彻与实施；教学质量的监控与评价；教学相关环节的有序运行等。这些都需要满足既定的要求和标准，构建完善健全的内部管理机制结构，提出科学可行的教学目标，激发学生的学习积极性，体现学生的主观能动性，使其积极参与日常教学活动的开展。除此之外，还能对学生各个环节的发展情况有深入的了解，为教学质量标准的完善与升级提供重要的理论依据，具有一定的指导和借鉴作用。

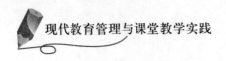

（4）教学环境保障

从教学环境保障的层面来讲，它往往与教学观念保障之间存在密切的关联，两者相互影响，相互促进，相互协调，且相辅相成，缺一不可。需要明确的是一点，教学环境保障由两个部分组成，一部分是小环境的教学环境，另一部分是大环境的教学环境。此外，教学环境还有软环境和硬环境之分。教学环境的内容包括：日常教学场所的配备；教学时间的合理安排；教学空间的规划；教学大环境的整体质量以及安保等等。无论是哪一个层面，都会对教学运转的质量以及效率产生直观的影响。

（5）教学观念保障

教学观念保障与各个方面都有不同程度的关联。作为教学人员，会受到教学观念的影响；作为教学资源环境管理人员，也会根据教学观念保障来开展工作；作为教学管理人员，会将教学观念保障当成日常教学管理的指导理论；作为学生管理人员，也会把教学观念当成监督管理学生的依据和参考。也就是说，上述人员相互之间会通过教学观念来形成新的群体，从而营造出整体的、宽泛的校园文化氛围，对教学过程的开展以及教学质量的提升等产生直观的影响，也是影响教学质量以及教学效率的关键因素之一。综上所述，应该尽快采取措施和方案来发挥教学环境保障在教学质量提升方面的职能和作用。

通过综合的研究与分析就能发现，广大教职工一直以来都对教学工作的内涵和定义有深入的了解，并从不同维度和层面来认知教学的地位和作用，针对教育教学质量的影响因素有不同的理解与见解，并在人才结构的调整以及人才培养模式的变革等方面表现出较高的接受度等。不得不说，上述行为活动有助于校园文化氛围的营造与构筑，能够对教学的改革与创新产生深刻的影响。应该严格按照政府以及教育部门制定的方针政策，基于学校教育发展的趋势和方向，结合学校办学的原则和理念，阐述人才培养模式改革的目的和意义，了解保障教育教学质量的社会意义和教育意义。要想达到这一目的，需重视日常的宣传与推广，通过教风、学风以及校风的统一与规范，来营造良好的校园文化氛围，为日常教学活动的有序开展提供重要的支持与保障。

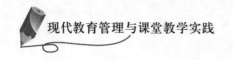

中创新，将理论和实践很好地结合在一起，具备了很强的实践动手能力；而有的在校学生则整天无所事事、磨洋工，做一天和尚撞一天钟，理论知识很差，更不用提动手能力。

（三）学生教育管理环境的复杂性

随着社会主义市场经济的逐步确立和改革开放的不断深入，特别是中国加入世界贸易组织之后，中国与世界各国的政治、经济和文化交流越来越紧密，特别是西方的思想意识形态以前所未有的规模和力度冲击着我国学生的人生观、世界观和价值观，直接冲击着他们所接受的原有的爱国主义教育、集体主义教育和社会主义教育。这些外在环境的变化给在校学生的思想带来很大的冲击。在这个全球化、信息化、多元化、商业化的时代里，如何做好学生的教育管理工作，不仅仅是教育工作的所面临的一个挑战，更是需要努力解决的一个重大课题，它不仅仅关系到学校的安全稳定和各项工作的顺利进行，更是关系到社会主义建设人才的培养和国家的长治久安。

（四）学生教育管理组织目的的明确性

学生教育管理工作的组织目的，从宏观方面讲，是为社会主义现代化建设培养可靠的建设者和接班人，从具体层面上说，是为了学校创造良好的育人环境，通过一系列教育管理活动追求学生教育效益的最优化。为了最终实现这一目的，必须在认真贯彻执行党和国家的各项教育方针政策下，紧跟时代发展的步伐，科学分析判断国内外大的政治经济环境和教育所面临的问题下，仔细研究教育管理工作主体、教育管理客体的特性，通过制定计划、进行决策、组织领导、全面控制，具体确定学生教育目标，充分调动各方面参与学生教育管理的积极性和主动性，优化配置学校教育资源，力争做到资源共享，使对学生教育管理工作落到实处。具体而言，通过科学构建学生教育管理体制，建立一支精干、高效的管理队伍，完善评估和信息反馈制度，为学生教育管理工作提供良好的环境氛围。同时，根据教育管理的目的科学合理地设定学生教育的内容，因为只有确立教育管理的目标和内容，管理体制的建立、管理队伍的建设、管理结果的评估、信息的反馈才能有依据和归属。

(二)日常教学保障系统的结构内涵及工作原理

1.日常教学保障系统的结构内涵

从日常教学保障系统构建与运行的层面来讲,能够为学校既定体制的正常运行带来积极的影响和帮助,还能解决一些突发性的教学问题。该保障系统的构建需由校长办公室出面牵头,通过内部组织的协调与配合来促进这一保障系统在日常教学中的有序运行。以教务处为例,应发挥自身的职能和作用,针对教学保障各个方面存在的问题进行梳理与汇总,并提出有效地改善方案和应对措施。

日常教学保障与日常教学活动开展的每一个环节都密切相关,比如课堂教学活动的开展、学生自发组织的自习活动、各课程的实践教学、各课程的实验实训学习、日常的考核考试以及课外实践等等。总的来讲,所有与教学相关的活动都能够得到系统地保障。结合学校现阶段的内部组织结构以及职能规定可知,日常教学保障系统运行的责任部门及单位比较复杂,排除校长办公室与教务处的情况下,还涉及宣传部门、团委组织、学生日常管理、后勤日常监督与管理以及财务部门等单位。其中,校长办公室负责日常教学保障系统的总体协调;教务处负责日常教学保障系统的教学教务工作;宣传部负责日常教学保障系统的宣传教育;学生管理处负责日常教学保障系统的学生管理;后勤部门负责日常教学保障系统的后勤服务;团委组织部门负责日常教学保障系统的师资配备;组织部负责日常教学保障系统的教学设施;财务部负责日常教学保障系统的经费预算;安保科负责日常教学保障系统的安全保卫;档案科负责日常教学保障系统的图书资料等。上述部门共同负责学校日常教学的正常运行,能够提供全面的支持与保障。需要明确的是,除上述部门以外的其他部门,也会影响教学工作的顺利开展。相比之下,上述部门和单位影响日常教学活动开展的程度相对较大,或者说上述部门和单位与日常教学活动的开展有着更加直观的联系,相互之间存在固定的责任关系。各个部门和单位的工作质量和水平,会对学习人才培养的成果造成显著的影响。总的来讲,上述部门和单位是否能够在日常教学活动开展过程中发挥各自的优势和作用,是否能够快速处理日常教学活动开展过程中存在的各种各样的问题,能够对学校日常教学活动开展的质量和水平产生最直观的影

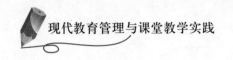
响。一言以蔽之，上述部门和单位的工作质量水平和效率，会对学校人才培养的进度、质量和目标完成等造成显著的影响，相互之间密切关联，密不可分，缺一不可。

2. 日常教学保障系统的工作原理

从日常教学过程的层面来讲，院系一直以来都被当成是开展教学活动的单位组织机构，这点是毋庸置疑的。从教学组织和管理的层面来说，日常教学活动的开展必然会出现各种各样的问题或故障，比如教室用电问题、设备故障、仪器检修问题以及信息交互困难等等。这些问题和困难一般都具有明显的临时性，一旦发生，就需要各个部门协同处理，仅仅依靠某个部门或单位往往不能解决问题。从任课教师的立场来说，在发现问题以后，假设仍旧延续原有的问题反馈机制，会消耗大量的时间和成本。如果出现部门相互之间推诿，又要延长几天，必定会对教学活动的有序开展造成显著的影响，甚至引发一系列不必要的问题。随着日常教学保障系统的构建与应用，上述问题就迎刃而解。究其原因，主要是因为保障系统连接着各个部门和单位，可以根据特事特办的原则和理念来加快工作处理的速度和效率。由校长办公室统一协调，各部门和单位相互协作，构成一种全新的、现代化的日常教学活动开展结构关系。换句话来讲，这种结构关系有助于日常教学活动每一个环节的有效衔接，为日常教学活动的开展提供有力的保障，指出具体的目标，提出科学的方案和措施，界定责任和权力。随着日常保障系统的构建与应用，教学活动中不会再出现扯皮推诿、沟通受阻或延迟办事等问题。

无论的财务部门还是人力资源部门，抑或是物资管理部门，在开展日常工作的过程中会与其他部门有直接的牵连和交互。假设仍旧延续原有的工作模式，必定会增加处理事情的时间和成本。基于日常教学保障系统的构建与应用，能够有效整合学校资源，接受校长办公室的统一协调，真正实现特事特办，指出具体的目标，提出科学的方案和措施，界定责任和权力等。基于相关部门和单位的相互配合和组织协调，在遇到问题和困难时给出快速的反馈，有效提高问题解决的效率和质量，为教育教学质量目标的完成与实现奠定基础。此外，随着日常教学保障系统的构建与应用，会新增一些相关的部门和单位，但其他职能部门和单位的作用和职能同样重要。综上所述，学校日常工作的开展只有一个目的，就是为人才的培养提供针对性的服务。教学活动的开展是为了给人才培养提供支持与保障，也就是说，学校的任何部门和单位都应该始终围绕教学工作的开展来推进工作进程，为教学的有序展开提供各个方面的保障。

二、日常教学保障系统的结构功能、组织机制与运作规范

(一) 结构功能对日常教学工作的强化

从日常教学保障系统的属性和性质上来讲，可将其描述为一种具备应急性处理功能的系统。为突出系统的保障作用和职能，学校管理层应该尽快完善日常教学保障系统的落实机制和方案，由校领导牵头各部门单位负责人协助，针对学校日常教学活动开展过程中存在的各种问题进行针对性的处理与解决，切实维护日常教学活动的有序开展。随着日常教学保障系统在学校的应用与实施，相关的责任部门和单位需明确自身的职能和责任，在保证日常教学活动有序进行的同时，解决教学工作开展过程中出现的各种问题，比如一般性问题和突发性问题。

1. 职责工作的常态化

职责工作的常态化，有助于教学工作效率和质量的提升，可视为是对日常教学工作能力和潜力的强化。这一强化作用应基于多个维度和层面来体现，除了能够激发部门和单位负责人的工作意识和思想以外，还有助于日常教学保障系统的宣传与应用。需要明确的一点是，事物的性质往往取决于内部结构。通过对相关部门和单位职能和作用的划分，来构成完整的保障系统，这样就能利用事物的结构来影响事物的性质，体现日常教学保障系统在日常教学活动开展过程中的保障功能。日常教学保障系统的结构相对比较特殊，且能够表现出综合性的系统功能，导致这一结果的原因在于日常教学保障系统能够在日常教学工作开展的每一个环节都体现一定的强化作用，已经构成了稳定且牢固的结构关系。结构性是体现事物有效性的基础和前提，正是因为有了结构性，事物的发生才有了新的意义和价值。根据系统科学的相关理论进行分析可知，系统能够在整体上表现出一些独特的特点，这与系统结构有着密切的关联，如果系统结构发生变化，那么系统的功能和作用必定会随之改变。受到组织化结构方式的直观影响，相互关联度较低的因素也能

形成固定的结构关系，从而以系统功能的形态表现出来，并对其他因素或其他系统产生直观的影响。除此之外，这种系统效用的原理和规律放在日常教学运行过程中同样适用，能够基于理论与实践来影响人们的思想和意识，使得保障教学系统得到大家的认可与肯定，为日常教学活动的有序开展提供保障。

2. 日常教学保障系统的开放性

系统的开放性组合一旦形成，必定会导致教学环境的改变，有助于教学和其他工作之间的联动，实现信息的共享以及物质资源的转移。正是因为如此，才能保持系统结构的稳定，为教学保障机制的形成与完善奠定基础。与保障系统构建与应用相关的部门和单位，需要就自身的职能和责任有明确的认知，只有这样才能发挥日常教学保障系统在日常教学活动开展中的重要作用，日常教学保障系统的设计与实施才有意义和价值。

举例来讲，校长办公室应该明确自身的职能和责任，对各部门和单位的日常工作进行统一的协调与监督，并定期参与各项教学工作会议，在会议上组织各部分和单位的负责人就近期教学活动开展过程中遇到的问题进行讨论，并提出针对性的解决方案。随着日常教学保障系统的构建与应用，教学工作能够在实践中得到有序的开展，不会因其他活动的开展而受到影响和冲击。

就宣传部而言，是根据组织机构分类标准和要求而设立的工作机构。随着宣传部与日常教学保障系统的联动与交互，系统的结构性得到一定的改善与优化，宣传部的教学工作内容更加多样化，能够为日常教学活动的开展提供各个方面的保障性服务。学校管理层应明确教务处的重要职能和责任，通过双方的相互协同和配合，来推动教学的有序开展，并根据现有的政策形势课教学情况进行一定程度的创新与突破。具体的内容有校内外的日常宣传与传播、教学目标的设置与调整以及教学模式的变革与创新等等。

就教务处而言，一直以来都被当成是具备一定职权行使能力的部门，也是教学教务管理的重要组织机构。该部门应基于当前的组织职能和责任来突出对教学活动开展以及教学质量提升的关注与重视，通过事务管理模式向过程监控模式的过渡与转变，来实现研究性的管理发展目标。

就其他部门和单位而言，需明确各自的职能和责任。以学生管理处为例，主要负责日常教学保障系统的学生管理；后勤部门主要负责日常教学保障系统的后勤服务；人事部门主要负责日常教学保障系统的师资配备；组织部主要负责日常教学保障系统的教学设施；财务部主要负责日常教学保障系统的经费预算；安保科主要负责日常教学保障系统的安全保卫；档案科主要负责日常教学保障系统的图书资料等。上述部门和单位的职能和责任随着日常教学保障系统的构建与应用，得到一定程度的强化，在实践中逐步趋于具体化和明确化的方向过渡与发展。上述部门和单位在校长办公室的引导和鼓励下做出了新的承诺，也提出了新的目标，为日常教学保障系统在学校内部的有效落实奠定基础，创造有利的条件。随着组织制度的完善与健全，在制度监督和教师监督的共同影响下，各职能部门和单位与师生之间会建立稳定的关系，有助于教师服务意识以及部门人员服务意识的形成与培养，为日常教学活动的有序开展提供支持与保障。

(二)利用组织机制促进保障系统形成运作规范

随着日常教学保障体系的构建与应用，所逐渐暴露的一些问题，应尽快提出教学保障责任制管理机制，并对现有的教学事故责任追究制度进行优化与完善，切实发挥制度的保障作用。

1.部门和单位责任人应明确自身的职能和责任

就日常教学保障系统而言，参与其中的部门和单位责任人应明确自身的职能和责任，遇到突发性事件时及时反馈、迅速处理。为真正起到保障的作用，教务处需要就现有的日常教学检查机制进行优化与升级，基于质量监控的层面来安排专项人员对日常教学活动的每一个环节都进行监督和检测，以不同的渠道和路径采集信息，了解教师和学生对日常教学保障系统实施的建议和观点，形成高效的信息反馈机制。在日常教学活动开展的过程中，会遇到各种各样的问题，导致问题产生的原因有很多，既有硬件条件诱发的问题，也有软件条件导致的问题，这点需要重点注意。作为学校管理者，应该对日常教学保障系统的运行情况有深入的了解，包括人才培养方案提出与实施的情况、教学计划制定与贯彻的进度、教学大纲与实际教学是否适配以及课外实践教学的成效与问题点等等。作为教师和学生，能够以不同的渠道和路径来发表个人的看法和观点，对学校日常教学保障系统的运行情况和呈现表达主观的建议和意见，发现问题以后及时向相关部门和单位反映，在问题解决以后给出主观的评价与分析，为后续的日常教学保障系统优化与升级提供重要的参考依据。

2. 为学校的日常教学活动开展提供有力的支持与保障

日常教学保障系统的构建，主要是为了给学校的日常教学活动开展提供有力的支持与保障，帮助学校管理者了解日常教学活动开展过程中存在的问题，对问题形成的根本原因进行综合的分析，并提出针对性的解决方案和优化措施，为人才的培养铺平道路，扫清障碍，高效完成人才培养的目标和任。参与日常教学保障系统的部门和单位，需明确自身的职能和责任，并构建完善整体的系统结构，对现有的组织协调机制进行改进和完善。为了突出保障日常教学的作用和功能，激发师生的自觉意识，体现师生主体个人的主观能动性，需对现有岗位工作质量标准进行适当的调整，并在实践中得到深度的落实，作为评价各部门和单位日常服务工作质量和效率的参考依据，为日常教学活动的有序开展提供支持与保障。在日常教学的过程中，如果师生发现了问题，应及时向相关部门和单位反映，由相关部门和单位根据问题反馈机制和制度来处理。如果遇到重大问题，需由领导小组召开临时会议，通过大家的共同讨论来提出针对性的解决方案，并交由相关部门和单位予以落实。

3. 对各部门与单位的工作完成情况进行监督和管理

日常教学保障系统的构建与应用，能够解决日常教学活动开展过程中存在的推诿扯皮等问题，明确各个部门和单位的职能和责任，并对各部门与单位的工作完成情况进行监督和管理，是一种基于组织结构优化与调整来发挥保障作用的系统形态。此外，如果遇到情节比较严重的教学事故，可以在最短的时间内采取有效的措施来处理，能够发挥举一反三、事半功倍的功能和作用。基于整体视角进行分析可知，日常教学保障系统这一工作机制能够帮助学校管理者界定发展的目标，指出各部门和单位的责任范围和内容，统一管理的机制和规范。此外，该系统的构建有助于职能部门和单位日常工作的有序开展，始终围绕为教学工作开展提供服务的原则和理念，来实现系统的优化与升级，为现代教育教学思想的深度贯彻与实施奠定基础。随着学校教育结构的转型与创新的不断推进，人才的培养模式有了新的变化，教育教学改革进程持续向前，但是学校的内部管理体制却无法在短期内实现长足的进步与发展。综上所述，原有教育教学体制在当前教育背景下并不适用，应积极探索新的教育模式和方法，基于日常教学保障系统的构建与应用，丰富学校内部组织部门和单位的结构功能，提出科学有效的人才培养机制和方案，为我国教育事业的长效稳定发展带来积极的影响。

第三节 教育规范化管理的教学质量监控

一、教学质量监控体系

(一) 教学质量监控体系概述

教学质量监控体系是指在教学运行过程中，为保障教学质量而建立的一系列教学质量管理和监控的组织体系及机制，通过这些机制的有序运行，达到巩固和提高教育教学质量的目的。任何学校都要建立完善的教学质量监控体系，才能保证对教学质量实行适时监控，随时发现问题、解决问题，达到对教学质量动态管理的目的。

教育教学质量的高低会受到人才培养成效的直观影响，与人才培养工作的输入输出有着必然的联系。教学质量保障体系的构建，目的在于保障行为与目标的一致和统一。基于宏观视角进行分析可知，质量保障体系的构建能够起到多重功能，比如提出针对性的质量决策、引入先进的信息预警机制、发挥目标激励的作用以及对教学的过程进行监督与调节等。也就是说，质量保障体系的构建有助于日常教学工作的有序开展，能够实现对教学要素的监测。控制与管理，及时发现问题，分析问题形成的原因，并提出针对性的解决方案和优化措施。质量监控可以理解为基于相关手段和方法来对质量进行监督与控制的行为过程，质量监控需要确定合理且可行的质量标准，并从产品生产、加工与制造的各个环节出发，来对教学质量进行监督与检查，出现问题及时反映，由相关部门和单位快速处理，并将处理结果反馈给学校管理层，作为后续问题解决与优化的参考依据。基于质量保障的层面进行分析可知，教学质量监控能够实现对教学流程的规范与优化，是完成教学目标的有效措施和方法之一，也是教学管理模式进步与创新的关键内容，还是教学过程持续改善的基础和前提。随着教学质量监控体系的构建与应用，学校的办学质量监控工作能够得到有序地开展，且朝着科学化、规范化的方向过渡和发展，构成全新的内部组织结构，形成健全完善的内部控制管理机制。基于宏观的视角进行分析可知，高等学校教学质量体系通常涉及多个部分，比如高等学校教学组织体系、高等学校教学目标体系、高等学校教学制度体系以及高等学校教学方法体系等等。随着教学质量监控体系的构建与完善，学校日常教学保障体系能够对高等学校教学目标体系、高等学校教学组织体系、高等学校教学方法体系以及高等学校教学制度体系等进行协调与统一，使得该体系的功能和作用得到丰富与提升，为质量监控的有效性增强以及及时性提升带来积极的影响。

（二）教学质量监控体系的组成

1.质量监控的目标体系

目标管理的核心在于对目标完成结果的监督与控制，和行为本身不存在必然的关联。目标管理会把管理组织既定的目标与管理人员的职能和责任等联系在一起，构建统一的内部管理机制，对管理人员和部门领导提出严格的要求。目标管理的特征和特点与教学质量监控模式的结构是相对应的，两者可实现完美的结合。基于教学的本质进行分析与论述，教学有着一定的整体性特征，也相对较为开放，是一个既开放又完整的综合性体系。教学质量的提升离不开各个部门和单位的协同与支持，也需要诸多因素的共同影响，比如教学管理机制的提出与应用、教师与学生的良好配合、教材的文本作用以及教学设施设备的支持与辅助等。从某种意义上来讲，人才培养的目的是为国家建设与社会发展输送人才。从这个层面延伸，人才培养的质量目标则包含一个个的子目标，这些子目标在教学过程中始终存在，且相互影响，相互协调，相互促进，相辅相成。大量的子目标集中在一起，形成整体的教学质量目标，并构筑完善的质量目标体系。随着质量监控目标体系的形成与发展，以人才培养为目的的目标体系开始在日常教学活动开展的过程中发挥重要的作用，能够对目标实现的过程和环节进行有效的监督与控制，明确人才培养的意义和价值，构成完善的组织结构，提出科学可行的教学计划和方案，并针对学生的特点来设计课程。基于上述相关措施和方案的提出与实施，来发挥质量监控目标体系在日常教学活动开展中的重要作用和功能，为教学质量的提升以及教育机制的改革奠定基础。总的来讲，质量监控目标体系与其他目标体系相比在整体性与相关性方面表现出色，可消除教学活动开展的过程中潜在的风险，防止教学总体目标朝着错误的方向发展。

教学质量目标可以理解为教学质量管理监控工作开展的目的和意义，同时还是目前教育教学领域对教学质量进行评价与评估的标准和规范。教学质量监控的作用体现在推动人才培养进程，对人才培养机制进行优化与完善。从应用型本科教育的层面进行分析可知，学校的办学目的在于培养大量的人才，解决社会发展的人才问题，为国家建设与社会进步输送源源不断的人才。从学校的立场来讲，需要根据社会人才培养的目标和方向来调整教学目标，根据人才培养的方向和特征来选择最优的人才培养模式，并对现有的教学模式和方法进行适当的改革与创新，确保教学方法和模式与人才培养的目标保持高度的一致性。质量监控目标体系的构建需要围绕学校的办学宗旨和理念来实现，根据人才培养的目标来确定目标体系的内容和结构。基于学校人才培养的方法和机制来采取针对性的措施和方案，确保为教学质量的提升带来积极的影响，对各个环节的质量目标完成提供支持与保障。从其他层面来讲，质量监控目标体系的构建目的在于为人才培养目标的达成提供支持与帮助，减少人才输入到人才输出之间的环节，消除体系运行过程中存在的耗散状态，确保体系的各项功能能够在实践中得到充分的发挥与体现，实现信息的共享与传递，保持长时间的质量平衡状态。

2.质量监控的组织体系

本小节研究教学质量监控组织体系的构建目的以及职能作用，具有一定的理论研究意义。是组织体系可以理解为推动教学管理目标达成的平台和载体，是发挥监控体系功能以及作用的前提条件，也是监控体系有序运行的基础要素。结合办学特点的差异以及内部组织结构的特点进行分析可知，教学质量监控的组织体系通常会在结构特征方面存在显著的。需要明确的是，学校选择怎样的办学定位，提出何种办学目标，抑或是制定怎样的人才培养标准和要求，这些都不是最重要的问题。办学的目的只有一个，就是为社会建设与发展提供优秀的人才。无论选择怎样的办学方法，界定怎样的办学定位，都不会影响办学的最终目标。办学质量目标的达成需要满足一定的前提条件和基本要求，比如提出科学的指导思想，配置基本的办学设施和设备，还有提供充足的教育资源。不仅如此，仅仅做到以上几点还不够，还需要采取相关手段和方法来推动日常教育教学工作的开展，并为其提供有力的支持与保障。换言之，人才培养目标是否能够顺利达成，取决于是否采取了科学有效的监控措施。监控内容的设计需根据人才培养的目标来完成，并界定具体的质量标准和规范，阐述监控体系的结构特征。此外，关于教学质量监控的方法和措施没有固定的形式和结构，往往会根据教学目标的达成情况和存在的问题来进行适当的调整。也就是说，质量监控组织体系的构建需考虑教育教学的特征与规律，这样才能发挥质量监控组织体系的作用和功能。对于学校来讲，学校管理者应该明确人才培养的目标和要求，并以此作为体现人才培养结构特征的依据和参考，提出科学的质量标准，为人才培养目标的达成提供保障。同时，还需要根据结构特征和质量标准等来选择最适合的监控模式，并采取针对性的监控手段和方法，真正发挥质量监控的作用和职能。

通常认为，学校教学质量监控组织体系的构建与形成离不开内部组织结构的支持与保障。从整体组织结构的层面来讲，主要由校长牵头，由副校长辅助，有其他部门和单位协调配合。结合学校之间的差异和特点，每一个学校构建的质量监控组织体系在某些方面都存在明显的区别，集中表现在结构和形态两个方面。作为学校管理层，有责任根据学校教学质量监控组织体系的特征来体现各种职能，比如对教学行为的督导、对教学成果的检查、对教学活动开展的监测、对教学反馈结果的调研、对教学质量的评估以及对师生反馈意见和建议的了解等。总的来讲，学校教学质量监控组织体系的职能和作用体现在两个方面。一方面，学校教学质量监控组织体系有助于教学工作的有序开展，能够尽快完成既定的人才培养目标和任务；另一方面，学校教学质量监控组织体系可以实现学校内部部门和单位的协调配合，始终把人才培养当成教学活动开展的目的和目标。

质量监控组织体系明确指出，学校管理者应该通过组织体系的构建与运行来发挥组织结构的职能和作用，为人才培养目标的达成提供保障。基于对日常教学活动的质量监控，来构建各部门和单位协调配合的组织体系，为质量监控效率和水平的提升奠定基础，这也是建设质量监控组织体系的目的和价值。

3.质量监控的制度体系

质量监控机制的规范与完善,离不开制度体系和目标体系的支持与保障,尤其是制度体系。质量监控的制度体系涉及多个方面和维度,主要包括三种类型。一种是职责权限类制度,指的是基于相关部门和单位职责权限来制定的制度体系;一种是方案指标类制度,指的是基于部门和单位方案指标等制定的制度体系;还有一种是综合规定类制度,指的是基于部门和单位综合规定等制定的制度体系。不同的制度体系有着一定的差异,但都需要围绕实际来发挥该有的作用和功能。制度体系的构建需基于目标体系来完成,结合学校的办学思想和理念、学校现阶段的人才培养目标以及学校未来的发展方向等,建立完善健全的质量监控制度体系。本着实事求是、科学可行的基本原则,形成现代化、智能化、多样化的质量监控制度体系,为实践中体现良好的可操作性和有效性,为后续的质量考核提供依据。质量监控制度体系的构建一般涵盖多个方面和环节,包括:常规教学检查制度体系的构建,用于对教学工作的检查与监督;日常教学督导制度体系的构建,对教学活动开展起到一定的督导作用;学生评教教育制度体系的构建,以及对学生表现进行评估;各级人员听课制度体系的构建,规范听课的流程和内容;教学信息反馈制度体系的构建,提升信息反馈速度和效率;教学工作评估制度体系的构建,对教学工作的水平和质量进行评估。综上所述,质量监控的制度体系构建具有重要的职能和作用,有助于教学水平的提升,能够帮助学校尽快达成人才培养的最终目标。

质量监控的内容相对广泛,除了针对教学的监控以外,还涉及其他方面的监控,比如学校工作进度和情况的监督与控制等等。质量监控应该围绕体系结构的组成与变化来开展,因为这些会对教育教学工作的质量水平和效率产生最直观的影响。教学工作在任何情况下都是学校整体组织体系需要关注的重点工作,也是其他活动有序开展的基础和前提。也就是说学校其他活动的开展都是为知识活动做铺垫,是服务于知识活动的,这点应该明确,任何因素都不能对其造成影响。基于人才培养的特点以及客观规律进行分析可知,应该尽快构建完善的质量监控制度体系,为学校各体系的运行提供保障,帮助学校尽快达成人才培养的目标。

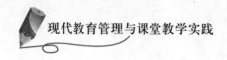
4.质量监控的方法体系

"事半功倍"描述的是成效与方法之间的关系，选择合适的方法能够快速解决问题，选择不适合的方法很可能会延长解决问题的时间，甚至无法解决问题。也就是说，我们应该选择科学的方法和方式来对教学质量进行监督与控制，这样就能起到事半功倍的效果。基于宏观视角，无论是体系论还是控制论，抑或是信息论的方法，都可在教学质量监控领域得到广泛的应用；基于中观视角，不同监控方法的组合会形成功能各异的质量监控方法；基于微观视角，质量监控的方法选择有很多种，比如信息采集法、定量与定性分析法以及抽样选择法等。

为高效完成人才培养的目标，一些学校尝试引入ISO9000的质量管理方法和技术，通过对人才培养流程的划分与监控来提高工作效率和质量水平。基于对教学过程的监督、对教学决策的监督、对教育质量的评价以及对评价结果的反馈等，实现人才培养模式的优化与升级，构建体系完善的质量监控管理机制，对教学质量的影响因素进行明确，并提出针对性的改善方案和优化措施。质量监控方法的选择需与教学实际相符合，必要时可引入先进的信息技术和互联网平台等，开发设计出智能化的监控技术方法，通过对教学内容的优化以及对教学资源的整合来确保教学质量监控满足既定的要求和标准，尽快完成人才培养的最终目标。

(三) 教学质量监控体系的构建

学校的中心工作是教学工作。提高教学质量是全面推进素质教育的关键，也是培养学生创新精神和实践能力的主渠道。面对新一轮课程改革的新要求，原有的教学质量监控的内容和方式都要改革。要树立全员质量监控的观念，充分发挥师生在监控督导过程中的主观能动作用，切实提高管理水平和教学质量，保障学校人才培养目标的实现，使监控的作用从单纯的监督、检查、评价向导向、激励、改进的方向发展。

1.教学质量监控体系的构建方法

要提高教学质量管理水平继而提高教学质量，首先要构建完善的教学质量监控体系。教学质量监控体系的构建方法如下：

（1）目标建设

建立完善的教学质量监控目标体系。中学教学质量监控体系的建立要根据学校自身教学质量监控与评价的需要，以确保与提高教学质量为目的，在学校内部建立有组织、有制度、有责任、有标准、有秩序且规范的机制。教学质量监控的目标体系包括：人才培养目标系统、人才培养过程系统和人才培养质量系统。

（2）管理体制的构建

①制度建设

第一，建立健全教学质量监控的规章制度。各学校要根据自身特点，从实际出发，建立一套完整的教学质量监控规章制度，对教学管理的各个环节进行规范。主要包括基本制度（规定教学监控的任务、目标、原则等）、工作制度（教学监控工作的考核程序、检查方法）和责任制度（教学监控机构的职责、监控人员的职责）等。

第二，制订和完善教学评估方案。建立教学质量标准和质量管理制度，明确工作人员的工作规范。教学质量标准主要包括：毕业生质量标准和各教学环节的质量标准两个方面。各教学环节的质量标准包括教学文件环节、课堂教学环节和考试环节等几个方面。

②组织建设

建立完备的管理组织体系是完善学校内部教学质量监控体系的前提。要成立专职的监控机构，最好能实现教学管理与监督分离。从教学运行的监控入手，着眼于教学质量的监控与评价；从深入教学第一线入手，着眼于教学各方面的监控；从督教入手，着眼于督学与督管，以提高教学管理水平、教学质量为宗旨，主动适应社会各方对学校的监督和评估。

（3）运行机制的构建

①信息机制建设。实施教学质量监控首先必须掌握真实、全面、准确的信息，这是教学质量监控的基础。完善教学信息反馈体系。要通过各级教学管理人员、学生信息员、学生干部、任课教师收集教学过程中的信息；通过听课、开座谈会、毕业生跟踪调查、在校园网设立教学质量信箱、在教学督导室设立督导员接待日、设置教学情况反馈热线电话等方式收集有关教学管理和教学质量的信息。通过提交教学督导情况报告、召开教学督导工作会

议等形式，向学校及各职能部门通报督导情况，使他们及时了解教学运作情况并提出整顿措施。

②评价机制建设。评价是教学质量监控的主要手段。良好的教学质量评价体系由三个方面组成：评价标准体系、评价指标体系和评价方法体系。评价标准体系主要是指要根据整个的教学流程来建立各主要教学环节的质量标准，如课堂教学、实习实践等，评价标准应全面、完备，不遗漏任何教学环节；评价指标体系应体现全面性、科学性和可行性原则，并根据课程的不同性质制定不同的评价指标体系，体现分类指导的原则；评价方法体系要求要采用多样化的方法进行评价，如学生评教、教师评学、教师互评、专家评、领导评等。采用多样化的评价方法，可以有效避免单一评价方法所带来的结果偏差，最大限度地保证评价结果的公正。

③保障机制建设。教学运行和教学保障是教学质量的两翼，学校应努力改善办学条件，在师资培养与引进、实验室建设、教室与运动场地等方面加大投入，同时，对教学保障部门制定详细的工作职责和范围，为教学工作提供强有力的物质与政策保障。

④激励和约束机制建设。包含两方面的内容：

第一，调动教学质量监控人员的积极性，提高教学质量监控水平，特别是注重提高教学管理及教学质量监控管理人员的管理水平，为提高管理人员的专业知识、能力和综合素质提供机会或创造条件。

第二，调动教师的积极性，通过开展课堂教学比赛等，充分调动教师教学研究和教学改革的积极性，将教学测评结果与教师的经济利益挂钩，奖优罚劣，激励和鞭策教师不断提高教学质量。

2. 教学质量监控体系构建具体步骤

(1)确定指导思想、目标和原则

①确定指导思想要坚持"以人为本、动态评价、预防为主、防控结合"的方针，以全员参与为基础，以各类质量标准为依据，以各种评价为手段，以提高教学质量为目的，运用系统的理论和方法，把教学管理的各个阶段、各个环节、各个部门的质量管理职能和活动合理组织起来，形成一个有明确任务、职责和权限而又相互协调、相互促进的有机整体，努力实现质量评价的全面性、全员性和全过程性。

②目标的确立要以育人观念的转变为先导，加强专业建设、课程建设、实践教学建设、师资队伍建设，建立健全教学质量控制体系和教学激励机制。要通过教学质量的动态管理，促进学校适应教育改革发展的变化，合理、高效地利用各种资源，全面提升教学质量，从而使学校在竞争中获得优势，推动学校的各项改革不断深化。

③教学质量监控要贯彻如下基本原则

第一，全面监控的原则

监控应贯穿教学全过程、涵盖教学工作的各个方面。

第二，客观、公开、公正的原则

采用科学监控手段，积极鼓励所有师生及其他人员参与教学监控。

第三，权威性原则

首先，学校高度重视教学质量监控体系的构建，设立专门的质量评价体系。

其次，质量评价结果的权威性，使质量评价充分发挥导向性的作用，真正激发教师的工作积极性、主动性，从而推动各职能部门和各教学单位工作的开展，最终达到保证和提高教学质量的目的。

第四，科学性原则

影响教学质量的因素有很多，而且有些是很难用数据和量化指标来衡量的。因此，在制定教学质量监控与评价的标准和方法上应注重科学性，在制定监控与评价具体指标时，将定性与定量评价相结合，使精确量化与模糊量化互补，并采用多渠道监控与评价的方法。

第五，简易性原则

教学质量监控体系要注重其可操作性，删繁就简，化难为易，既体现全面监控思想，又满足经济适用、便于操作的要求，保证体系主干清晰，程序简单，实施容易。

第六，以课堂教学质量监控为中心的原则

课堂教学是教学工作的关键环节，是全部教学监控工作的重点。

（2）教学质量监控对象

教学质量监控基本对象应包括：

①对各教研组、集备组、教师的日常教学管理进行监控与评价

②对教研组、集备组的校本教研方面进行监控评价

③对学生学习状态、学风等情况的监控与评价

(3) 教学质量监控体系机构组成

对于组织机构健全的学校，教学质量监控体系机构组成应包括以下几个方面：

①可以设定校长是学校教学质量第一责任人，质量监控由分管教学的副校长负责，教务管理部门为学校教学质量监控的实施机构。

②教务管理部门根据学校教学质量监控规定，组织以教研组长、教研员、年段长为主的监控队伍，实施并开展日常教学监控工作。

③学校设立教学信息员。教学信息员由教务管理部门在学生中，每班级聘1人为教学信息员。教学信息员负责向教务管理部门及时提供教与学两方面的相关信息，以便于优良教风与学风得到发扬，教与学活动出现的问题得到及时解决。

(4) 监控的具体内容

从教学过程的流程看，教学质量监控的具体内容应该包括以下几个方面：

①加强教学常规管理

加强教学的日常常规管理是提高教学质量的基础，根据学校制定的有关教学管理的相关文件，实施常规管理。

教研组和教务管理部门应做好每学期的教学常规和学习常规的检查，并作好记录。

②加强课堂教学的管理

根据课堂教学评估的相关标准，组织教师每学期上好公开课，教师要按学校要求完成听课任务并进行评价。

③加强对辅优补差工作的管理

要引导教师对优生注重创新精神和实践能力的培养，这是辅优的重点和难点。对学困生要分析原因，对症解决问题促使学生逐步养成勤奋、自觉的习惯和上进的自信心。

④加强对期中考试、期末质量分析的管理

第一，凡学校自己命题的学科，应加强对命题的管理，并结合本校各

年级的实际组织命题。

第二，必须严格考试。教务管理部门要从试场的安排、学生座位的安排、监考教师的安排、试场的巡视等从严要求，以提高考试的信度。

第三，加强阅卷管理。考试后试卷交由教导部门统一保管，同一集备组内实行流水阅卷，在组内对阅卷评分统一标准。

第四，试后，由各任课教师、备课组、教研组、年段、教务处、校长室分别按要求认真地做好质量分析，并做如下要求：

任课教师	任课教师要写好质量分析表，并着重对成功的经验和存在的不足分析得失原因。对成功的应予以巩固，对存在的问题应制定切实有效的改进措施。
备课组	备课组既要分析本学科的质量，还要从纵向教研组内各年级中的水平和横向年级内各学科中的位置进行分析，找出成功的经验予以继续加强，并着重对薄弱的环节提出改进的措施，组长要有分析报告。
年段	年段的分析主要从以下几个方面进行： 第一，分析年级内各学科的质量，总结优势学科的经验予以推广；找出薄弱学科的症结，提出改进的措施和方法。 第二，从年段内优秀生的量和质上进行分析，同学科制定的目标进行对比，从教与学上分析得失，从而提出在培养优秀生上加强和改进的措施。 第三，从年段内学困生的量和质上进行分析，就如何减少差生、提高合格率上提出加强和改进的措施。 第四，段长要召集年段分析会，并应就学校的管理、师资的质量等提出个人的意见和建议。
教研组	教研组的分析主要从以下几个方面进行： 第一，分析组内各年级的质量，总结优势备课组或优势任课教师的经验予以推广；找出薄弱备课组或任课教师的症结，提出改进的措施和方法。 第二，从本学科的优秀生和差生分别在年级各学科中的量和质及所处的位置进行分析，提出在课堂教学和辅优补差中结合学科特点，必须加强和改进的措施及方法。 第三，从各年级试卷的命题质量上进行分析，同相关教研部门质量要求的层面上进行对比，对自己命题的试卷的质量有一个清楚的认识，以提高今后备课组测试命题和学校考试命题的质量。 第四，组长要召集教研组分析会，并应就学校的管理、师资的质量等提出个人的意见和建议。

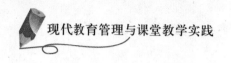
续表

教务处	教务管理部门的分析应从以下几个方面进行： 第一，教务主任要及时了解掌握各科各年级考试的质量，并及时组织并指导好各备课组、年段、教研组的质量分析工作。 第二，要对全校各学科、各年级的考试质量作出全面的分析，总结出优势的任课教师、备课组、年段、教研组的成功经验予以推广，分析出薄弱的学科、组室的不足，并指导制定改进和提高的措施。对统测的学科，应及时了解有关学校的质量，并作出对比分析。 第三，找出教务管理部门在教学管理中的得失，提出推广或整改的意见。 第四，教务主任要召集组长分析会，并将以上教师及各组室的质量分析表、分析报告整理归档。
校长室	校长室的分析应主要从以下几个方面进行： 第一，对全校各层次的质量分析进行布置、指导和检查，校长本人应各参加一个备课组、年级组和教研组的质量分析活动。 第二，要从纵向上同上学年期中考试的质量进行分析对比，从试卷命题的质量、考试的成绩上作出客观的，实事求是的分析。 第三，要从横向上就统测的学科同相关学校、区域平均水平进行对比分析，明确学校的位置。 第四，认真查阅各个层面上的质量分析表，并结合以上分析，就成功的经验和薄弱的环节(学科、年级、班级、教师)提出推广或整改的措施。如有必要或可能，应就师资的安排、有关教学活动的安排等作及时的调整。

3. 教学质量监控实施办法

(1) 集中监控和日常监控相结合

集中监控主要包括：

第一，开学前和开学初期各项准备工作情况检查，主要是教师课程的准备情况。

第二，期中教学检查。每学期期中进行集中教学检查，以监控和评价教学过程的组织安排情况、教学计划执行情况、各教学环节的实施情况等；

第三，期末及年终考核。学校有关职能部门对学校(部、室)各项教学工作及教学质量进行全面考核和评价，检查其工作完成情况。

日常监控主要包括：教务管理部门对全校教学过程、教学组织、教学纪律等日常工作和质量进行的不定时监控。

以上两种方式分别从宏观和微观两方面进行监控，对于监控过程中发现的问题，教务管理部门及时通报，并责成有关部门，教研组、教师及时解决，确保教学质量和正常的教学秩序。

（2）教学质量监控与评价的结果处理

对于教学质量监控与评价的结果，学校应该做到：

第一，教务管理部门在每学期末将本一学期的评价结果反馈给每一位教师。

第二，对评价不合格的教师，学校要做到：①由各教学单位教学质量监控领导小组组织专家、领导、同行对该教师进行帮扶。②由教务管理部门会同督导员、各教学单位教学质量监控领导小组、学生对该教师进行二次评价。③若被评教师对二次评价结果存在异议，可以向校教学指导委员会提出申诉，校教学指导委员会将酌情安排有关部门、人员进行复议。

第三，教学质量监控与评价结果的记载与奖惩。①每学期教师的教学评价与监控结果要记入教师教学档案。②年度教学工作质量监控结果作为职称晋升、岗位聘任的重要依据。③监控结果与教学评奖挂钩。

在中学教学质量监控体系构建及运行过程中，要防止以下问题的出现。

第一是教学质量监控指标缺乏科学性。学校在建立和实施教学质量监控的过程中，对指标科学性都会比较重视，但指标的遴选与指标的主要观测点缺乏科学的论证与检验，存在随意性。实施过程中人为因素、无关因素控制不到位，尤其要防止不能建立符合本校实际的、科学合理的教学质量评价指标体系，对教学质量的监控难以达到真正的科学化、客观化。

第二是要防止教学质量监控功能乏力。质量管理部门对教学质量监控工作的薄弱环节重视不够，对监控系统反馈的信息不能及时有效地采取对应措施，赏罚不明，难以调动各方面的工作积极性。这种现象的存在会直接降低教学质量监控的效能，也会弱化监控工作的价值与意义。

第三是要防止教师评学单纯地从教师的角度去评价教师。教学质量监控单纯从教的角度去监控，而欠从学的角度考虑切入；另外，教学质量直观地讲应该是教师"教"的"质量"和学生"学"的质量的统一体，要防止在教学质量监控过程中对教师评学的认识和重视程度不够，忽略了教学的其他众多的教育性因素，简单地以学生的成绩单作为教师评学的唯一形式，这是一些学校教学质量监控工作中的误区之一。

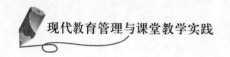

二、学校教育教学质量监控的"3+3"模式

(一)"3+3"模式的基本含义及科学性

处于当前教育环境和背景下,教学质量监控的目的会受到办学定位变化的直观影响,从而表现出现在的差异。学校可通过质量监控机制的建立健全来推动人才培养目标的完成进程,为人才培养目标的达成提供制度方面的支持与保障。也就是说,教学质量监控模式的形成与发展对于教学工作的有序开展至关重要,应明确具体的影响因素,了解教学活动的特点和客观规律,提出科学正确的教学观念,优化现有的组织结构,引入先进的教学方法,构建现代化的质量监控机制体系。

基于对教学活动核心环节与要素的监督与管理来提高教学质量,是一种当前阶段应用广泛的质量监控模式。不得不说,这一质量监控模式可以快速突出教学重点,对教学质量给出客观真实的评价,在可操作性方面表现优秀。不过,假设仅仅关注人才培养而忽视教学要素的质量监控,可能会导致监控的结果相对片面,无法形成体系的结论。现如今,学校教育市场化办学水平得到显著的提高,更凸显了研究质量监控模式的重要性和意义。

就教学质量监控模式而言,其构建与应用需要明确两个问题,一是质量监控的主体,二是质量监控的客体。基于主客体的视角进行分析可知,"3+3"模式与应用型教育更加契合,有助于办学特点的突出以及人才培养目标的达成。教学工作的开展需要涵盖三个方面的内容,一是日常教学活动的开展;二是教学过程的监督与控制;三是教学效果的整理与评价。为推进质量监控工作的实施,需采取三种监控方法。一是基于管理体系对教学过程进行监控;二是基于督导体系对教学过程进行监控;三是基于信息体系对教学过程进行监控。三种方式方法各有优劣,相互协调,相互配合,可实现对教学活动各个环节的全面监控。

(二)管理体系监控的决策支持和制度保障优势

管理体系监控能够发挥一定的组织保障作用,体现制度保障的优势和特征。学校各部门和单位的负责人共同参与学校教学工作计划的制定、教学决策的讨论与提出、教学工作的引导、教学进程的指挥以及人力的安排等环节。教学管理活动的开展离不开组织结构的支撑与引导；教学质量监控与日常教学活动的开展密切相关；基于教学质量的评价与反馈来实现教学目标和任务。管理体系监控能够依托教学管理的资源和环境，来实现质量监控与教学管理的深度融合，丰富组织保障的功能内容和结构。

管理体系监控可以依托教育决策和制度保障来体现自身的优势和特征，基于管理制度的构建与完善来对教学质量进行监督与控制，发挥教学质量监控模式在日常教学活动过程中的作用和职能。为体现质量监控的原则和理念，在维持良好教学秩序的基础上，一些学校先后引入随机听课的监控模式，选择适合的听课人和课程内容去教室中听课。作为听课人，在听课的过程中需记录笔记，并写下个人的心得和体会，及时向部门和单位领导反馈，了解真实的课程教学情况。以听课的形式实现不同部门和单位之间的工作互动，构建整体性的课堂教学环节监控机制，了解学校课堂教学的实际情况，及时查找课堂教学存在的问题，并提出针对性的解决方案。

(三) 信息体系监控的环节具体性和客观规律性

信息体系监控的构建离不开学校和院系的支持与辅助，由专项的督导员负责监督，并给出客观的建议和意见。教学督导的本质是特殊形态的管理制度，结合人才培养的既定目标以及当前阶段制定的教学计划，来监督教学过程，并给出客观真实的评价，起到一定的指导作用。监督的目的在于指导，指导离不开检查与监督的支持，三者相互影响，缺一不可。为尽快完成人才培养的既定目标，相关部门和单位应明确自身的职能和责任，并在教学实践中得到充分的发挥与体现。应该在教学质量监控体系结构中纳入督导体系监控，基于不同视角和维度来发挥监督控制的作用，为学校决策的制定与实施提供理论指导。

通常来说，督导有助于教学质量的提升，能够发挥一定的监控作用。在安排督导员时，应考虑一下退休的教授或副教授，他们在教学和管理方面拥有充足的经验和方法，在这一方面优势明显。作为教学督导人员，需在业务能力和综合素养两个方面表现出色，对党的教育事业建设与发展绝对忠诚，了解教育教学的特征和客观规律，兼具一定的创新与改革意识思想，对人才

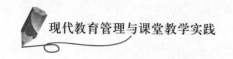

培养的目标、模式和理念等有深刻的认知与理解。基于"3+3"模式的引入与应用，督导员需明确自身的职能和责任，负责教学方案以及教学大纲的提出与设计，负责教学计划实施进度和成果的检查，负责教学过程与重要环节的监督，负责教学成果的评价等。同时，还需要基于当前的教育教学特点和规律，来提出一些建设性的建议和意见。

综上所述，督导组织需围绕教学改革的背景以及人才培养的目标，来设计出多元化的督导方式方法，积极对日常教学的管理模式进行规范与优化。基于不同的渠道和路径来收集相关资料和信息，切实发挥督导在教学质量提升方面的监督职能和作用。

(四) 信息体系监控的全面及时性和科学现代性

教学质量监控体系逐渐趋于科学化发展，要注意以下几点：一是了解丰富的质量信息；二是通过各种监控方法方式的有机结合，进一步增强监控能力。监控的信息化发展包含两个方面：第一，可实现综合性的实时监控，得出整体性的评价结论；第二，有助于教学和监控效率的提升，保证监控结果的准确性和真实性。

基于监控客体的视角来分析，教学质量的提升与师生以及教学设施环境等有关，也会受到办学定位、人才培养需求以及管理质量的影响。随着信息体系的引入与应用，可实现对各种因素的监控。信息体系监控能够真正实现全方位的监控，是提高教育教学监控质量水平的有效措施之一。

信息体系监控有多种类型，比如学生评教信息监控模块、信息员信息监控模块、管理人员信息监控模块以及专项评估信息监控模块等，可根据实际需求和特点自主选择。作为学校，应关注体系运行机制的构建与应用，在教学质量监控方面发挥重要的监督与控制作用。信息监控体系运行的过程中，应重视对信息的收集、分析以及反馈。首先，收集与质量监控相关的信息；其次，对信息进行分类与分析；最后，信息反馈与共享。

结合学校内部管理机制的特征和特点，划分信息体系的类型。以校级信息体系为例，主要以校内的部门和单位为对象；而部门信息体系和院系信息体系等所对应的是工作人员。通过信息网络体系的构建，来实现多元化的教学质量监控，为各部门和单位通过信息化的体系监控服务，了解教学工作开展过程中存在的问题，并及时提出解决方案和应对措施。需引入先进的网络技术，为日常教学提供便利，并由教师给出客观真实的评价，为学生评教的常态化发展奠定基础。

第四节　教育规范化管理的教学评估

对教育展开有效、规范管理的重要手段之一，即为教学评估。构建长效的教学评估制度，可以为学校落实国家教育方针政策提供有效保障，积极探索教育教学规律，深入了解办学指导思想，提升办学条件，强化教学建设，优化教学管理，推动教学改革深入发展，从而增加办学效益、改进教学质量。

教学质量评估，是提高教学质量系统工程的重要一环。下气力对课堂教学评估进行研究，是很有意义的。

一、正确评价课堂教学的意义

教学实践告诉我们，教师要真正学会讲课，他就必须学会评课。因为只有通过学习评课，才能够掌握讲好课的要领和标准。作为一名优秀教师，不但讲课讲得好，评课也应评得好。也就是说，学会正确评价课堂教学，是教师应具有的基本功之一。

教育心理学研究表明，学习评价所提供的反馈信息，具有调节功能和动机功能。因此，教师通过学习评课，可以及时索取反馈信息，正确评价他人讲课中的优缺点、经验和教训，取人之长，补己之短，迅速提高自己的课堂教学水平。所以说，学习和掌握课堂教学的评价，绝不是教学活动的附属物，而是整个教学活动中不可缺少的一部分。

二、正确评价课堂教学的依据

任何教育活动都是有目的的活动，但是最能体现教育这一特点的还是教学。教师组织的每一堂课都是为了达到一定的教学目标，因此，教学目标既是教学的出发点，也是评价教学的依据。

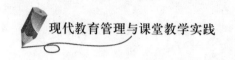

正确认识和理解教学目标，是提高课堂质量和评价课堂教学的基础。目前，教师的教学和评课一般是以教材和教学大纲为依据。但现行的教学大纲基本上是偏重知识型的，它对教学内容作了详尽规定，但对培养技能未提出明确的要求。以这样的大纲规定的教学目标为依据，必然导致知识型的教学与知识型的评价，这同社会主义现代化是不相适应的。因为教育目标是教育思想体系的核心，是教育体制改革根本目的的集中体现，是通到宏观又达到微观的交汇部，所以，确立教育目标的前提应是：一要着眼于是否与社会发展相适应，二要着眼于是否与人的发展相适应。教育目标是人的发展方向，它实现的过程是人的发展过程。我们应以更高的标准来认识和理解教学目标。

著名的美国心理学家和课程专家、芝加哥大学教育学教授布卢姆从课程编制和评价的角度研究教育目标的分类，并于1956年提出了教育目标分类学。他认为，完整的教育目标应包括3个主要领域：知识及知识运用的认知领域，对学习的情绪反应和价值倾向的情感领域，由心智活动控制肌体活动的心智肌体活动领域。他根据学习的心理活动过程，认为3个领域都可按心理活动的水平，由低级向高级再进行有层次的分解，从而建立教育目标分类系统。

布卢姆把认知领域的教学目标分为6个层次，6个层次按学习水平的高低顺序依次为：

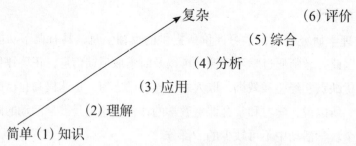

复杂　　　　　　　(6) 评价
　　　　　　　(5) 综合
　　　　　(4) 分析
　　　(3) 应用
　(2) 理解
简单 (1) 知识

这6个层次的关系是：知识"是最低水平的学习，评价"是最高水平的学习。前一层次的学习结果都是后一层次学习的基础，后一层次学习结果必然包含前一层次的学习结果。从第二层次的"理解"到第六层次的"评价"即是属于"能力"，"知识"是一切"能力"的基础。由此可见，若课堂教学只注重传授知识，则只是实现了最低水平的教学目标，只有既传授知识，又培养能力的课堂教学，才是实现了高水平的教学目标。

教师为了实现自己的教学目标而设计教案。因此，一堂课的优劣，决定于这堂课的教学的全过程。在一堂课的全部教学过程中，教师为了实施他的教学目标，就需要采取一系列的教学措施。这些措施是否得当，再加上教师自身的素质及运用全部措施完成教学任务的水平等因素，就构成了评价这堂课的全部依据。

三、评价课堂教学的方法

根据课堂教学的一般规律，评价课堂教学的全部依据大致可以分为5个部分，进一步分成20项。为了方便起见，制成《课堂教学评价记分表》如下：

课堂教学评价记分表

评价依据	评价细项		好	较好	一般	较差	差	评分	
	序号	内容	5	4	3	2	1	初评	终评
教学目标	1	目标明确度	明确→不明确						
	2	目标合适度	合适→不合适						
	3	即时效果	好→差						
教材处理	4	准确性	正确→有错误						
	5	重点难点处理	恰当→不恰当						
	6	例题习题选择	合理→不合理						
	7	双基落实程度	落实→没落实						
	8	课堂容量	适当→不适当						
教学方法	9	教学程序设计	合理→不合理						
	10	教学方法运用	恰当→不恰当						
	11	教师主导作用	强→弱						
	12	学生主体作用	主动→被动						
智能发展	13	逻辑结构	严密→混乱						
	14	思维启发	活跃→迟钝						
	15	能力培养	强→弱						
	16	教书育人	强→弱						

续表

评价依据	评价细项		好	较好	一般	较差	差	评分	
	序号	内容	5	4	3	2	1	初评	终评
示范作用	17	语言	简明生动→含糊啰嗦						
	18	普通话	准确→不准确						
	19	板书	工整条理→杂乱无章						
	20	教态	亲切大方→拘谨呆板						
总评意见								成绩	

讲课教师：____课题：____班级：____

评课人：____评课目的：____时间：____年____月____日

对于此表的使用，作以下两点说明：

第一，使用方法。评课人在听课过程中，根据课堂教学的具体情况，将有关细项的分数先记入"初评"栏中。听完一堂课后，再根据听课记录和总的印象，对逐项的分数进行慎重考虑，认为不恰当的可以调整，确定之后再记入"终评"栏中。把"终评"栏中各细项的得分累计起来，作为评价这堂课的总分数。

如果对一堂课的评课人较多时，可以把每位评课人的终评分数按照体操比赛的评分方法进行处理，即去掉一个最高分和一个最低分，取其余几位评课人的总分数的平均数作为评价这堂课的总分数。

第二，各细项的具体要求。

（1）目标明确度：课堂教学要有明确的教学目标。

（2）目标合适度：课堂教学的目的要求要符合教学内容和学生的实际情况。

（3）即时效果：有良好的课堂气氛，教得轻松，学得愉快，圆满地完成教学任务。

（4）准确性：对教材的理解，深浅掌握得适当，准确地进行讲述，无知识性错误。

（5）重点难点处理：从讲解、板书、要求等方面突出重点；采用恰当的方法分散难点，使学生易于接受。

(6)例题习题选择：选择例题要有代表性，起到举一反三的作用；搭配练习题、作业题要有针对性，保证质量，分量适当。

(7)双基落实程度：使学生牢固地掌握好基础知识，有效地加强基本技能的训练。

(8)课堂容量：教学内容充实，讲练结合，密度适当。

(9)教学程序设计：一堂课自始至终有条不紊，步骤完整。

(10)教学方法运用：根据教材和学生的接受能力选择恰当的教学方法(包括教学手段和教具)，并运用自如，体现改革精神。

(11)教师的主导作用：以教导学，教给方法，充分发挥教师的启发诱导作用，但不搞"教师中心"。

(12)学生的主体作用：相信每个学生的内在动力和潜力，以教促学，以教助学，以教服务于学，充分调动学生学习的积极性。

(13)逻辑结构：课堂教学要有严密的逻辑性。

(14)启发思维：贯彻启发式原则，启发思考，倡导求异，使学生思维活跃；师生思路同步，信息交流畅通；善于运用信息反馈，随时调整，有较强的应变能力。

(15)培养能力：根据具体的教学内容，注重发展智力，培养能力，思想意识明显，措施得力。

(16)教书育人：挖掘教材内在思想性，教书育人；严格教学常规，培养学生认真地学习。

(17)语言：教学语言要简明、准确、生动，并恰当地运用态度语言如手势、眼神、表情等)辅助有声语言，使其富有感情和吸引力。

(18)普通话：教师要用普通话讲课。

(19)板书：设计合理，重点突出，脉络清楚，字迹工整。

(20)教态：仪表端庄，举止从容，亲切和蔼。

评课人可以根据上述要求进行评分。根据不同的评课目的，对上述各项的要求可以有所侧重或适当修正，也可以提出更详细更具体的要求。

第三章 教育管理信息化研究

第一节 教育管理信息化的内涵

一、核心概念界定

(一)信息化的含义

20世纪60年代初期,在日本就出现了信息化这一新的概念,由日本著名学者梅棹忠夫首次提出,并针对该概念的定义进行解读和分析。1963年,梅棹忠夫(Meizao Zhongfu)在个人发表的《论信息产业》一书中明确指出:信息化可概述为通信现代化、行为合理化以及计算机化的统称。后来,西方学者将这一概念引入到欧洲各国,为信息化的广泛使用创造了条件。就我国而言,学术界的专家和学者们从不同背景、环境以及视角针对"信息化"这一概念的定义进行解读和阐述,在时代快速发展的今天,信息化的概念不断改变。就当前而言,关于信息化的最新定义可参考2006-2020年国家制度与实施的信息化发展战略,该战略重新界定了信息化这一概念的定义,即:借助信息技术来对丰富多元的信息资源进行挖掘和开发,以此作为实现信息交流与知识共享的措施和方案,目的在于进一步提升经济增长速度和水平,为经济社会的快速发展和转型奠定基础。[①]

学者们从不同角度和层面解读了"信息化"在不同发展时期的定义,但信息化的基本含义是不变的,指的是不同发展时期最先进的现代化技术,能够加快社会经济的发展进程。在笔者看来,信息化应该阐述为一个借助先进的信息技术来加快产业发展步伐的过程,把最先进的信息技术引入到社会的不同领域或行业,致力于各领域或产业技术的发展和创新,进一步提高经济

---

① 刘亮. 大数据背景下职业院校学生管理工作信息化重构 [J]. 智库时代,2019(43):12+19.

发展的质量和水平，打造与时代发展趋势相契合的新型产业。

(二) 教育管理的含义

教育管理对于日常的学校管理工作开展有着至关重要的意义和作用，是当前时代背景下学校管理中不可或缺的一环，也是相对比较麻烦的组成部分。就教育管理来讲，既要管理不同类型和形式的教育设施设备，还要管理学校开展的所有教育活动，负责教育计划的制定与实施。作为教育管理部门，需要在学校领导者的指导、组织和安排下，通过先进且有效的方式方法，来对不同教育机构与组织的日常工作进行整体的布局、规划、安排与协助，对现有的教育资源进行挖掘、整合与利用，通过这一系列的措施和方案来进一步提高教育质量、教学效率，维持相对稳定的教学秩序，为学生提供良好的办学条件，致力于教育事业的长效发展。

(三) 教育管理信息化的含义

关于教育管理信息化的含义，可概述为随着现代教育管理思想的推广与传播，将先进的现代信息技术应用在教育管理中，作为管理所有教育事务的方式方法，致力于整体教学质量的进一步提升，提升综合教育治理水平，为教育管理的现代化建设与发展奠定扎实的基础。就学校教育管理信息化而言，可理解为是管理信息化思想应用在学校教育领域以后在原有基础上的延伸和拓展，既包括不同信息技术与教育的相互结合，还涉及现代化管理思想与教育的交互和渗透，这点需引起教育工作者的关注和重视。

二、教育管理信息化的发展趋势

就当前而言，学校教育管理信息化的建设与发展逐渐呈现出明显的发展趋势：

(一) 数字化

教育管理工作开展的过程中会接收海量的数据信息，主要以数字化的信息居多，比如教学课时数的相关信息或学生的考核成绩等。此外，这些信息中也有一部分是非数字化的信息，比如教师开展教学活动的教学效果以及教学质量等。与数字化的信息相比，处理非数字化的信息需要面临更多的难题，只有设置一个数字化的过程才能将非数字化的信息转化为数字化的信息，这个过程既需要消耗时间也会耗费人力。随着教育管理信息系统的开发与应用，一定程度上解决了以上提及的问题，通过信息管理系统可实现对各项事务的数字化管理，对于信息的储存和使用有重要的意义。

现如今，教育管理信息化系统在相关领域得到广泛的应用，在教学管理过程中存储或使用的非数字化信息基本能够实现数字化处理，这一举措可有效降低信息使用和存储的成本，还能为教育工作者的信息管理和应用提供便利。究其原因，主要是因为数字化信息的管理打破了时间和空间对数据存储和使用的桎梏，对于信息的传播与利用有积极的意义，可以快速实现信息的交互与共享，从而进一步提升信息的使用效率。

(二) 网络化

自教育管理信息系统被开发与广泛应用以来，教学信息的传递速度持续加快，也给教育管理部门的信息交流与信息共享提供了便利。信息的网络化可概述为将学校所有的教育或管理部门集中在一起，形成完整的计算机网络互动关系，创建一个现代化的信息化管理平台，将所有用户的信息存储在该系统中，为用户提供信息检索、信息传递以及信息使用等服务。不仅如此，网络化的建设还涉及学校校园网的开发与应用，通过设计信息化系统来完成对教师、学生以及课程等各个对象的信息化管理，不同系统之间能够快速实现信息的传递与共享。随着网络化技术在教育领域的推广和应用，校园网与互联网之间建立了稳定的互联关系，对于教育管理信息系统的作用发挥与功能体现意义重大。

(三) 智能化

目前学校应用的教育管理信息化系统融合了各种各样的信息技术，最具代表性的包括多媒体技术、数据库技术以及人工智能技术等，为教育管理的智能化建设与发展创造了有利的条件，促使教育管理环境逐渐趋于智能化发展。从教育管理信息化系统的层面来讲，依托先进的人工智能技术来完成结构设计，为信息的检索与推理分析提供了技术方面的支持与保障，通过引入最新的数据库技术和模块管理技术来融合各个教学环节，实现对教育教学的综合管理。

教育管理工作包含多个环节，这些环节既相对独立又相互影响，通过教育管理信息化系统能够实现这些环节的相互关联和快速转换。举例来讲，该信息系统中设计了一个智能化水平较高的模块程序，用于链接教学任务和教学行政子系统从而发挥二者的功能和作用，然后生成标准的课表文件，对考试的时间作出科学合理的安排，避免在时间上出现冲突。不仅如此，该信息管理系统的开发与设计采用了目前最先进的计算机高级语言和程序，能够对人的思维模式和过程进行模拟与分析，增加了系统的逻辑推理功能，为管理与决策的智能化建设与发展提供了新的思路和方向。通过对该信息管理系统功能的扩展和延伸，来满足教育管理的多样化需求，并在实践应用中不断优化，持续改进。

(四) 扁平化

垂直管理是原有教育管理模式的特点，由上而下来开展一系列的教育管理工作。在学校教育管理信息化系统广泛普及和应用的今天，学校的教育管理模式逐渐表现出扁平化的特征和趋势。原有的教学管理模式中，会根据科层机制来组织安排一系列的工作活动，依托韦伯意义的组织框架来对资源和权力进行布局，是一种垂直的组织结构。就目前而言，信息化系统在教育领域被广泛地应用，教育管理中的一些中间层级消失不见，信息传递的模式逐渐从以往的垂直模式朝着扁平模式过渡或转变，促使教育管理的框架也突出扁平化的特点和性质。

就以往的垂直管理模式而言，涉及的组织分工相对复杂，导致管理效率持续下降，究其原因主要是因为具体的管理方式缺乏合理性和可行性。同时，烦琐复杂的管理层级必定会影响信息的传递速度，或是在传递信息的过程中出现失真等问题，很难对教学资源进行深度的开发和充分的利用。随着扁平化的教育管理组织的提出与应用，可有效解决以上问题，依托先进的教育管理信息化系统来加快教育管理的扁平化发展进程，为其提供技术方面的支持。

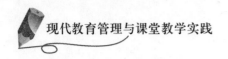

(五)合作化

以往的教育管理组织会严格依据分工原则来对教育管理工作进行组织和布局，各部门负责各自的工作内容和任务，部门之间不存在协作和配合。在教育管理信息系统被开发与应用以后，教育管理逐渐从垂直化朝着扁平化的方向转变，以往的工作组织框架在当前教育背景下很难适应。随着学校教育管理信息化系统的广泛应用，对相关管理人员的能力和素养等提出新的要求和标准，既要掌握丰富的技能和知识，也要具备良好的综合素质，各管理人员既相互独立又相互关联，分别负责教育管理网络的不同节点的任务和工作，真正在管理人员内部实现现代化的分工与合作。

就目前而言，信息技术在国内得到快速的发展，在各个领域和产业也都得到广泛的应用，比如教育管理。随着信息化系统的开发与推广，教育管理的效率和质量得到显著的提升，并呈现出数字化、网络化等不同方向的发展趋势。

教育信息化管理策略的提出将管理系统和信息技术集中在一起，加快了信息的交流和互动，是实现目标管理的有效措施之一。但与此同时，也对管理者的能力和水平提出了严格的要求和标准，为管理人员的结构优化提供了新的思路和想法。要想切实体现教育管理信息系统的作用和价值，学校应对现有的管理制度进行优化和创新，只有这样才能与信息化系统管理的要求和标准保持一致，才能进一步提升教学管理工作的质量和效率。

三、学校教育信息化管理的主要特征

在当前新时期背景下，中国社会经济和科学信息技术均取得了突飞猛进的发展，促使中国教育领域也充分依托于前沿的技术，逐渐在教育管理过程中进行信息化和智慧化的建设。而信息化、智慧化的学校教育管理模式也呈现出一些新的特征，这些特征主要体现在以下几方面。

(一)可视化显示与智能化操作

信息化、智慧化的学校教育管理模式最突出的一个特征就是信息呈现的可视化。原有教育管理模式下的信息普遍是以文本或者是超链接文档的形

式呈现出来的，而通过应用现代信息化技术所构建的智慧管理平台，则可以通过计算机后台有效监测学校教育管理的实时动态，也可以通过图形界面来了解和分析学校教育管理中体现出来的这些数据。根据这些图表数据信息，教育管理者可以更为直观了解教育管理的实际状况。且以往原有教育管理模式下的信息搜索难度较大，通常需要教育管理者耗费大量的时间和精力来查找文档，从而在一定程度上降低管理效率。但对学校教育管理进行信息化和智慧化的建设，教育管理者则可以在信息浏览环节中设置多层次的信息检索功能，让相关人员可以通过文字、图表、视频，抑或者是三维立体场景从不同的分类信息中查找自己所需要的信息，这种智能化的操作也在一定程度上打破了原有教育管理的壁垒，不仅节省了教育管理者的时间，还可以让教育管理者快速查找到自己所需要的信息。

（二）智能诊断与自动调整

在学校教育管理过程中往往会涉及教育诊断，也就是对教育实体现状中所具备的一些显性优势和劣势、机遇或者是挑战进行科学的判断与调整。而建设信息化、智慧化的教育管理平台，则可以充分利用大数据的挖掘技术和分析系统来帮助教育管理者准确诊断学校教育管理中所存在的一些问题，而后对教育对象进行科学的判断及鉴别，教育管理者也可以及时有效处理学校教育过程中和教育设备使用过程中所存在的这些问题，从而不断提高学校教育的整体管理水平。另外，学校教育管理通常也包括了对教室、图书馆等场所的管理，构建智慧化、信息化的教育管理平台，则可以通过后台系统对教室、图书馆、会议室等场所的光线、室内温度以及室内湿度等环境指标进行自动化的调整，同时也可以及时有效对各种异常状态或者故障做出科学的诊断和预防，从而提高教室图书馆等场所中设备运行的可靠性与安全性[1]。由此可见，信息化与智慧化的学校教育管理模式，具备较强的智能诊断及自动调整特征。

---

[1] 李彬，范木杰，崔珊. 大数据时代教育管理信息化建设与创新发展研究 [J]. 情报科学，2021，39(10): 101-106.

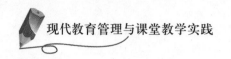

第二节　教育管理信息化的优化策略

　　学校教育信息化建设对于学校教育事业的健康发展有着重要的意义，只有做到这一点才能促进学校教育管理的信息化发展进程，才能帮助学生在学习的过程中产生良好的信息素养，为今后信息社会的适应与发展奠定扎实的基础。也就是说，学校教育应摒弃原有的教育思想和教学观念，丰富教学的内容，提出不同的教学方法，构建现代化的教学体系，转变原有的教学模式，通过教育的现代化建设与发展来进一步提升整个师资队伍的综合素质，加快基础教育改革的进程和步伐。

一、推进学校教育信息化，提高办学水平

　　随着信息技术的广泛应用，科技对于生产力提升的影响越来越大，人类社会的经济发展迎来新的阶段，展现出良好的发展前景。就目前而言，信息技术对社会生活的影响随处可见，无论是学校的管理模式还是教育方式，或是学生的学习方法，这些在信息技术的影响下都发生了巨大的改变，信息技术在教育领域的应用更加普遍。

(一) 加快信息化基础性建设，营造良好的信息化环境

　　教育信息化的发展离不开硬件的支持，需要从不同的渠道来挖掘资源，满足信息化教育对硬件和软件的需求。应该转变原有的教育观念，加快学校信息化建设的进程，提出不同的思路和想法，控制成本的同时提高资源的利用效率，利用宽带与互联网建立信息传递关系，为学校信息化教育的建设与发展提供有利的条件。

(二) 提高教师信息素养，造就高素质的教师队伍

　　作为学校，应注重教师信息素养的形成与发展，只有这样才能帮助教师摒弃原有的教学模式和教学观念，将先进的信息技术应用在教育教学中，为信息技术教育活动的有序开展创造条件，打造一支高素质的教师队伍。

　　首先，教师应掌握运用现代教育技术的技巧和方法，对课堂教学结构

和内容进行优化。作为教师，应积极参与和信息技术教育相关的培训活动，并达成"三学两用一制作"的基本要求。"三学"：一是在固定的时间阶段来参与培训；二是在教研组的安排和组织下接受培训；三是集中闲散的业余时间来参与培训。随着"三学两用一制作"等相关活动的开展，教师的信息技术应用能力得到显著的提升，基本能够根据学生的实际情况来独立设计课件，激发学生对学习的兴趣和积极性，解决教学过程中遇到的难点和重点，真正做到在教学实践中优化课堂。

其次，教师需将信息技术与学科教学融合在一起，作为优化课堂教学模式的方法和措施。随着基础教育课程改革进程的开展与落实，信息技术与学科课程的相互结合是大势所趋，是教育事业发展到一定程度的必然结果。作为教师，既要掌握先进的信息技术来对学生进行教学演示，还应该对学生的信息加工能力提出新的要求，指导学生掌握信息技术的应用方法和技巧，从而对课程教学的内容进行。

（三）运用现代教育技术，促进学生可持续发展

进入 21 世纪以后，各种各样的信息技术如雨后春笋般涌现，社会经济的竞争趋势日益激烈。作为当代的学生，应该在信息瞬变的社会中寻找适合自己成长和发展的道路，学习掌握先进的现代教育技术，培养自身的信息素养，形成一定的信息加工和处理能力，对社会和自我的能力以及潜力等有明确的认知，不断进步，只有这样才能成为对社会发展有用的人。

首先，尽快开展一系列的信息素质教育活动，帮助学生掌握学习的技巧和方法。就目前而言，现代教育技术在教学领域得到广泛的应用和普及，教育不再是单纯地知识传授，而是对知识的探究和思考，如何培养学生的自主学习能力是教师亟须关注的问题。

网络学习的情境下，学生能够结合自身的需求来对信息进行检索、查询、加工或创造，在网络平台上参与交流和互动，及时找出问题，对问题的本质进行分析，并根据自身的经验和知识技能来提出针对性的解决方案，从而形成良好的信息素养，实现被动学习到主动学习的转变。

其次，借助先进的现代教育技术，帮助学生实现自我的个性发展和全面发展。网络的出现消除了时间和空间对学习的约束和限制，学生能够利用

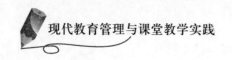

互联网来获得丰富的知识信息，从而满足自身的学习需。网络环境的搭建给学生的学习提供了更多的平台和机遇，有助于学生的个性发展和自我实现。

E-mail 与原有的信息交流方式相比，能够有效增进师生之间的人际关系，学生可利用 E-mail 来向教师表达内心的想法和观点，然后由教师给出客观中肯的意见，这种模式下的师生关系是平等的，无论是教师还是学生都可以畅所欲言，无需有太多的顾虑和担忧。一些学生表示，自己在每次上网后都能获得轻松愉快的主观感受，性格也变得更加活泼开朗，对于自身的人格塑造有积极的影响。

二、坚持不懈，创新信息化教育新构架

目前，信息技术在学校教育领域不断普及，但学校信息技术教育管理模式的提出与优化并非一朝一夕能够完成的任务，需要在实践中不断尝试，持续付出。

(一) 建立教育资源信息共享管理平台

学校教育的资源整合和利用离不开教育管理者的支撑与辅助，应根据学习的实际情况来开发一个适合目前教育发展的信息共享管理平台。

作为学校，应注重学校教育管理信息化的建设与发展任务，切实做好智慧化建设与管理的顶层设计，强调对硬件和软件设施的信息化管理。作为学校的管理人员，应在学校现有融资途径和融资渠道的基础上进行延伸和拓展，注重和社会企业的合作，为学校教育管理的信息化建设与发展奠定基础。学校应确保资金的充足，将一些先进的信息技术应用在教育管理领域，开发新一代的智能化教室，为教育教学与管理的信息化、智慧化建设与发展出谋划策，提出新的思路和想法。

(二) 建立符合校情的信息化教学管理系统

作为学校教育的管理者，应该联合相关人员依据学校目前的发展现状，结合既定的教育目标，参考学校的办学特色等，来开发一个与学校发展方向和目标相契合的信息化管理教学平台。站在学校教育管理者的立场来讲，可尝试对其他学校的成功经验进行参考和借鉴，引入最新的信息化教学管理技术和方法，转变原有的教育管理理念，并结合自身的需求和管理现状来对教学策略以及教学方法等进行优化和调整，形成一套适合自己的信息化教学管理方案。最后，学校需要引入专业的技术来源来完成系统的调试和测试，并根据实际情况和需求对该系统进行改良和优化，确保其能够在教育教学实践中发挥重要的作用，体现该有的价值和意义。

(三) 加强网络德育教育，培养学生鉴别信息真伪的能力

互联网中的信息既有正面的信息，也有负面的信息，一些学生在面对负面信息时并不具备较强的识别和抵制能力，经常会被负面的信息所侵蚀。为解决这一问题，学校应在信息管理系统中设计"防火墙"，强调网络与德育的相互融合。

(四) 加快校园网建设，做到"班班通""家校通"，实现学校管理网络化

一方面，学生能够通过互联网来与其他同学或教师进行线上的交流和互动，便于班级内部的管理和监督；另一方面，可尝试实现家庭教育与学校管理的相互结合，方便家长了解学生的在校情况。

由此可见，学校教育管理的信息化建设与发展势在必行，是教育事业在当前时代背景下发展到一定程度的必然产物。作为学校教育的管理者，需对信息化管理体系建设的意义和价值有深刻的理解与认知，依据自身实际情况和办学宗旨来建立现代化的教育资源库信息共享平台，对网络教学资源进行深度的挖掘和充分的利用，切实体现信息化技术的优势和特点，为学校教育管理质量和水平的提升打下坚实的基础，实现学校教育的可持续发展。

第三节　建设数字化校园的实践

一、数字化校园的概念

数字化校园的建设与发展目前已经进入关键时期，但涉及数字化校园的定义尚未被统一。通常来讲，数字化校园指的是依托互联网和信息技术来对环境、活动等进行数字化处理，基于原有校园来创设一个数字空间，达到

校园时间和空间维度扩展与延伸的目的，进一步提高原有校园的教学效率，丰富原有校园的功能和价值，确保教育过程的每一个环节都实现全面信息化的模式。①

就当前而言，关于数字化校园的定义理解和分类，主要包括狭义的数字化校园和广义的数字化校园两种。

从狭义的层面来讲，数字化校园可概述为一卡通系统应用和推广以后的校园管理模式，包括各种各样的校内信息服务系统，比如办公管理系统以及人事管理系统等。就狭义层面的数字化校园而言，更加关注环境、资源和活动等各个维度和层级的数字化管理，并未重视学校的统一管理和规划，很难起到资源整合与集成的作用，是一种层次不高的数字化校园表现形式。

从广义的层面来讲，数字化校园指的是依托先进的计算机技术、网络技术等对教育信息资源进行深度的挖掘和充分的利用，真正做到资源的数字化管理，实现信息资源的整合与集成，各部门和各工作人员携手共建智能化、现代化的虚拟校园。利用先进的教学设施，转变原有的教学方法，引入科学的教学手段，提高教学管理的质量水平。

二、数字化校园建设的要求

(一)数字化校园建设要求

目前，社会已然进入知识经济发展阶段，高新技术在各个领域得到广泛的应用，为互联网技术的普及和推广创造了有利的条件。随着数字化校园的建设与深化，应突出最新和实用性两个特点，围绕教育改革和创新为中心，转变原有的教育模式，针对数字化校园的内部结构和形式进行改进和完善，为数字化校园的开发与应用奠定基础。

(二)数字化校园建设基础设施部分

数字化校园的建设与发展离不开基础设施的支撑，比如教室、计算机室等等。就学校教室而言，这里提及的基础设施指的是多媒体设备、投影仪等与教学课程开展密切相关的设备。以计算机室为例，和原有的课程教学的

① 陈曦，生良. 国内外教育信息化研究比较 [J]. 才智，2009，22(3): 6-9

教室有着明显的差别，负责对校园网络进行统一的管理，可实现校园网络的集中控制以及设备维修等功能。以管理部门为例，指的是负责管理校园网络的管理中心，并在现有网络功能的基础上进行延伸和扩展。

（三）数字化校园建设的软件部分

数字化校园的建设与应用只有硬件设施是不够的，很难满足教育信息化发展的需求。作为学校来讲，应依托先进的数字技术来设计开发独立的校园网站，利用该网站来实现信息的发布、检索与传播等功能，让大家对学校的具体情况有深入的了解。在数字化校园建设完成以后，学校需要利用该网站来搭建信息资源的管理平台，负责信息发布和传播，既能存储学校管理的相关信息，还能进一步扩大学校的社会影响力，可谓一举两得。

三、数字化校园建设目标

建成完整统一、技术先进，覆盖全面、应用深入，高效稳定、安全可靠的数字化校园，消除信息孤岛和应用孤岛，建立校级统一信息系统，确保部门间流程通畅，平滑过渡，对校园的各项服务管理工作和广大教职工提供无所不在的一站式服务。提高工作效率、管理效率、决策效率、信息利用率和核心竞争力。

（1）全面提升校园网的安全性、可靠性、稳定性和可扩展性，实现网络服务质量的全面提升。

（2）建设统一管理的、技术先进的服务器与存储平台，实现硬件资源的充分共享，充分保障网络基本服务和应用系统的稳定运行。

（3）建立学院统一信息标准，减少数据冗余，避免各应用系统"条块分割"和"信息孤岛"现象，实现信息资源和信息服务的合理规划、合理分配、合理利用。

（4）实现校园内教学、科研、服务的数字化、信息化、网络化，深化教育改革，提高办学质量、办学效益和科研水平。

（5）提高管理过程和管理系统的质量、效益、效率。

（6）保证资源和服务的可靠性、安全性、科学性。

（7）实现以校园网为平台，随时、随地办理自己所需办理的"所有

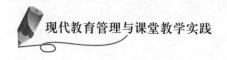

事情"。

（8）实现学院各种消费、交费、迎新、离校、考勤、水控、电控、门禁和巡更等工作的一卡通管理。

四、数字化校园建设策略

数字化校园的建设需围绕"总体设计，分步实施"的基本原则来进行，对各主体和部门之间的关系有准确地认知，依托丰富的信息资源来做到六个"统一"，合理规划，明确标准，共同建设，集中管理，改革技术，建立现代化的数据库。

（一）统一规划

数字化校园项目的建设需提前做好规划和布局，严格按照先基础、后业务的原则以及先业务、后管理的要求来开展一系列的工作[1]。规划的内容比较复杂，包括：数据中心机房建设项目的提出与规划、校园网建设策略的提出与规划、信息标准建设项目的提出与规划、硬件平台建设项目的提出与规划、软件基础架构建设项目的提出与规划、安全体系建设项目的提出与规划、数字资源建设项目的提出与规划以及应用系统建设项目的提出与规划等等。随着规划的提出与审核，由学院信息化建设专家小组对规划展开论证和探究，讨论该项目建设的可行性和适用性。

（二）统一标准

信息标准对丁数字化校园的建设与应用至关重要，是不可或缺的基础工程之一。作为学校相关部门，需要严格围绕信息资源规划理论为中心，就学校的信息资源展开整体的规划和布局，形成统一的信息标准体系，为各部门信息系统建设工作的有序开展奠定基础。作为信息化建设领导小组，应根据实际情况和需求来提供专业的指导，设置标准的数据格式和准则，形成统一的业务模型和工作流程。

---

① 樊海云.信息化规划与实践 [M].北京：清华大学出版社，2008.

(三) 统一建设

数字化校园的建设涉及多个领域，包含丰富的内容，需按照规划的内容和原则来予以实施。不同环节的建设任务必须在学校信息化建设领导小组的统一组织下来落实，结合以往的经验来划分数字化校园建设的实施阶段，比如基础设施建设阶段、保障体系建设阶段、硬件开发阶段、软件设计阶段以及数据管理阶段等，对现有的资源进行深度的挖掘和充分的利用，进一步扩大整体的效益。

(四) 统一管理

数字化校园的建设需满足统一管理的要求，在特殊情况下不排除采取一些行政手段，或是通过一些非常规的处罚措施来确保项目的有序进行。站在学校信息化建设领导小组的立场来讲，应明确自身的职能和责任，严格按照相关规定和要求来对校园建设的资源进行统一管理，安排相关职能部门负责具体的施工和建设工作。就网络信息技术中心而言，主要工作是对工程技术进行严格地把关，监督项目施工的每一个环节，确保数据中心设备能够保持较长时间的正常运行与快速维护。作为各职能部门，需要就业务子系统的用户需求进行全面的分析，切实做好数据管理工作，并根据实际需要来对管理的权限进行适当地分配。

(五) 统一技术、统一数据库

数字化校园的建设离不开各部门的支持与辅助，在建设的过程中也会遇到各种各样的问题，无论是硬件设施的选用还是软件系统的开发，或是数据库的建立，这些都需要按照统一的技术标准来进行，最大化降低系统运行以及后期维护的难度，为数字化校园建设的可持续发展提供新的思路和方法。

第四节　教育管理信息化资源的融合

教育管理信息化资源融合的关键意义在于将管理体制、工作机制、人

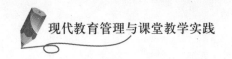

才队伍、信息数据等资源进行全面梳理和整合，充分挖掘教育管理信息化资源的潜力，解决教育管理信息化发展初期出现的问题，推进教育管理信息化发展，促进教育信息化与原有教育深度融合。

一、管理体制改革与创新

(一) 教育信息化相关机构整合

从前文中可以看出，随着我国教育信息化的不断发展，现行的管理体制已经在一定程度无法适应新的发展需要。因此，教育管理信息化资源融合，应以组织机构改革为切入点。笔者认为各级政府和教育行政部门应顺应我国行政管理体制改革大潮，尽快对现行的管理体制进行深化改革，切实转变教育管理信息化各参与主体的职能，理顺各主体的职责关系，科学优化政府、教育行政部门的组织结构，才能够有效的释放教育管理信息化各参与主体的热情与活力。

教育信息化各相关机构应尽快实现机构整合。将教育管理信息中心、电教馆、教育研修、教育装备等专业机构整合成为教育网络安全和信息化中心，在新机构内部设立各项信息化业务部门，把现有的职能部门整合成一个懂业务、技术强的教育信息化机构，使教育管理信息化主管部门从纯粹的技术部门向综合型第三方机构转变，实现机构改革和职能转型，最终形成统一领导、统一规划、统一建设的管理模式。新机构的定位应该是一个中立的第三方机构，由各级教育行政部门监管，专门负责教育信息化资源融合、需求调研、标准制定、建设与运维、网络安全保障、人才培训和教育大数据挖掘与应用等工作。建立开放的信息数据管理模式，统筹教育管理公共服务平台和教育资源公共服务平台的整合，并在两大平台融合的基础上，对教育信息数据进行整合，形成覆盖面更大、数据量更大的教育大数据，通过科学的数据挖掘和数据分析，为教育行政部门各项核心业务工作提供具有价值的数据分析报告，真正发挥教育大数据的核心价值。

通过机构改革实现组织机构、职能和人员的整合，从组织结构上率先实现资源融合。开放、创新、融合是互联网的主要特征，无论是教育管理还是教育资源，其建设应用的核心都是支撑教育教学，促进教育信息化与教育教学相融合，实现教育现代化。

《教育信息化2.0行动计划》中提出要建设"互联网＋教育"大平台，实现教育管理公共服务平台和教育资源公共服务平台的融合，应该先从组织机构上率先进行深度融合，只有这样才能从管理体制上打破教育管理信息化和教育资源业务分头建设的现状。

(二) 建立教育信息化综合评价体系

从发达国家教育信息化资源融合的经验中可以看出，建立完善的评价体系对教育信息化融合起到了至关重要的作用。因此，各级教育行政部门应结合本地区实际，加快建立教育信息化综合评价体系，科学构建综合评价体系模型和相关考评标准。将教育信息化管理、规划、建设、应用、服务等核心环节及相关工作内容纳入综合评价体系当中。首先，应该由第三方机构承担考评的主体职责，对参与教育信息化建设的各主体工作情况进行年度考评，对于考评成绩较为突出的应由管理部门予以表彰，对于考评成绩落后的，应从管理制度、工作机制、业务能力等方面加强培训、指导和监管。其次，通过建立教育信息化综合评价体系，能够明确各主体在教育信息化中的角色和职责，激励激发各主体参与教育信息化建设的热情和激情，促进各地区教育行政部门落实教育信息化建设任务。最后，综合评价体系应该由组织和个人评价体系组成，并且根据评价对象设计应对的评价标准。评价标准应注重应用情况的考评，不再以建设为重点，而是以信息化与教育教学深度融合为核心，促进管办评分离体系的构建，提升教育信息化各主体参与度，从而推动教育管理信息化资源融合，实现教育治理体系和治理能力现代化建设的根本目标。

(三) 建立开放型数据管理模式

教育管理信息资源融合的一项重要任务就是信息数据的融合，要把以往分散的信息数据、不同平台或系统的数据按照一定的标准进行整合，实现数据的互联互通和开放共享。笔者认为教育管理信息化要尽快实现信息数据的融合，必须建立开放型数据管理模式。开放型数据管理模式首先要制定开放的数据标准，这套标准是把互联网行业中普遍使用的、被广泛认可的标准进行梳理和规范，而不是独立于互联网行业的一套。而且要接受各类用户反馈的修订意见，及时对标准进行修订和完善，以适应互联网发展的速度，满足不同用户的需求。其次，开放型数据管理模式要强化数据质量管理，信息数据必须保证是真实、客观的，必须要具有真实性和一致性，如果信息数据的质量不高，存在大量的虚假数据、错误数据，那么用这些数据做出的任何分析结果都是毫无意义的。最后，开放型数据管理模式应加强数据使用的管理。信息数据收集整合到一起却不加以利用，这是毫无意义的。只有将数据资源加以利用，才能发挥教育大数据的潜力。目前我国的教育大数据尚未实现开放共享，数据使用权仍没有放开，而且政府在教育大数据方面的应用成果非常有限，无法深度挖掘教育大数据的价值。因此，应该在合法、合规和安全的前提下，逐步对外放开数据的使用权，同时政府部门应该对信息数据的开放共享、使用者可信认证和使用流程监管等方面制定相应的法律法规。

二、创新人才保障机制

(一) 建立有效的人才激励机制

创新人才保障机制，需要建立有效的人才激励机制。管理体制和工作机制是推动教育管理信息化资源融合的先决条件，而创新人才保障机制是打破教育管理信息化资源融合困境的关键一环。近年来，随着事业单位人事管理制度改革不断深入，创新事业单位人才保障机制是提升教育管理信息化队伍综合实力的一项重要举措，是有效推动教育管理信息化资源融合的重要"抓手"。从制度上打破原有管理模式，强调以人为本，把管理的重点向培养、塑造和激励人才方面进行转移，提高教育管理信息化人才队伍整体素质和能力。同时，加强事业单位的考核考评，明确考核的必要性和重要性，考核要尽量贴合工作实际，对考核对象、考核内容、考核指标等要有明确的界定和标准，既强调定性和定量的结合，尽量量化各项指标，更强调态度和能力的兼顾，而且要将考核结果作为工资绩效核算、职务升降、职称评定、评优、聘用和辞退等方面的一项重要参考指标，逐步建立符合各地区教育管理信息化发展要求的、科学的人才激励制度，使"能者上、平者让、庸者下、劣者汰"的选人、用人机制不再流于形式，最终达到激励人才、留住人才的根本目的。

(二) 拓宽人才引进渠道

创新人才保障机制，需要不断拓宽人才引进渠道。长期以来，管理信息化部门的人才引进受多方面条件限制，无法吸引更多社会互联网行业优秀人才加入我国教育管理信息化队伍，或者参与到我国教育管理信息化建设中来。目前，我国事业单位机构改革已经提上日程，改革的基本原则和总体方向基本明确，教育管理信息化部门应在此次机构改革进程中，积极寻求突破，在优化管理体制的基础上，制定实施开放性的人才引进政策，拓宽教育管理信息化部门人才引进渠道。上文提出要整合组织机构，组建一家专业的第三方机构，该机构可以调整为自收自支的事业单位，这样可以在工资分配上更有灵活性，有利于实现同工同酬，使得人才引进不再受到事业编制问题的限制，在人才待遇方面也会具有竞争力。其次，如果组织机构改革短期内无法实现，那么在常规的人才招聘方面，应在一定程度上将编制配比向教育管理信息化部门倾斜，同时放宽紧缺急需型人才的引进条件，以暂时缓解人才缺口过大导致的诸多问题，更好地支持、推动我国教育管理信息化向前发展。同时，应该加强政府和企业之间的合作，一方面可以借助企业的人才、技术等方面资源，加快教育管理信息化发展。另一方面，可以建立新型合作机制，事业单位人员可以到企业任职工作，积累资源和经验，企业的核心技术人才可以对教育管理信息化建设提供改进意见。此外，通过政企合作能够吸引更多的社会资源参与我国教育管理信息化建设，有助于多主体参与模式的形成。

(三) 建立教育管理信息化培训体系

创新人才保障机制，应建立教育管理信息化培训体系。现有的培训模式已经不能满足教育管理信息化发展的需求，未来教育管理信息化发展需要的不是纯粹的技术人才，也不是纯粹管理者，更不是纯粹的教学专家，而是集技术、管理和教学等于一体的复合型人才。因此，必须要针对复合型人才培养，建立一套教育管理信息化培训体系。第一，应该针对不同对象构建信息化领导力模型，主要针对规划、管理、建设、应用和服务等方面的能力进行培训。根据培训对象的岗位角色和个人的测评结果，设计更有针对性的培训课程，开展常态化对教育管理信息化培训，同时培训应该与个人考评成绩相结合，重点针对考核不达标的管理人员、技术人员和教师进行培训。第二，应该充分发挥信息化部门的优势，丰富培训形式和手段，将信息技术与教育管理信息化培训相结合，甚至可以将教育管理信息化优质培训课程以教育资源的形式，与"互联网＋教育"大平台相互融合，真正做到将信息技术与教育管理、教学和科研的各个环节深度融合，从而全面推进教育现代化进程。第三，应该发挥上级教育行政部门的资源优势，以培训的形式，为不同区域的教育管理信息化主管部门提供相互调研、学习和经验交流的机会，使得区域之间能够相互学习，借鉴经验，共同探讨解决实际问题的方法和手段。

三、强化网络安全工作：从被动到主动

（一）加大教育行业网络安全建设投入

以往的教育管理信息化建设对网络安全不够重视，资金、人员、设备等方面的投入基本都向系统建设方面倾斜。目前，教育行业网络安全形势越发复杂而严峻，应该加大教育行业网络安全建设方面的投入，特别是网络安全宣传、人才引进与培养、技术保障和关键基础设施防护等方面的投入。其中，网络安全宣传和网络安全人才培养是做好网络安全工作至关重要的两个方面。维护教育行业网络安全的不仅是网络安全工程师、技术员的责任，也是教育行政部门、学校和全体师生的责任，无论是管理者、建设者、应用者还是参与者，都应该加强网络安全理念，树立正确的网络安全观，提升网络安全素养。网络安全的本质不是技术层面的对垒，而是人与人之间的博弈，是攻击者和防御者的较量。如果我们的安全意识不到位，对网络安全风险没有准确的认识，那么一切的防护形式和手段都形同虚设。如果我们的人才水平落后于攻击者，那就只能处于被动挨打的境地。因此，加强网络安全宣传和网络安全人才培养，目的是使我们能够从被动转向主动，从攻击者的视角审视我们的网络安全工作，再结合一定的技术手段，让我们能够提前发现自己存在漏洞和威胁，先人一步做出反应，做到未雨绸缪，先发制人，从而彻

底摆脱被动挨打的尴尬处境。此外，要加大采购网络安全关键基础设施的资金投入，甚至可以在一定程度上购买网络安全保障服务，

(二) 完善教育行业网络安全管理制度

完善教育行业网络安全管理制度，是教育管理信息化资源融合的前提和重要保障。各级教育行政部门应根据工作实际，尽快制定网络安全防护、关键信息基础设施保护和应急响应与处置等方面的管理制度。同时，相关政府部门应建立网络安全工作监测制度、监管制度和审计制度，对教育行业网络安全工作进行全面监督管理，确保制度能够有效落实。此外，教育部应加强与公安部、网信办等单位和网络安全企业的合作，组建教育行业网络安全专家组，从战略角度分析教育行业网络安全发展方向，联合制定教育行业网络安全中长期发展规划，为教育系统的网络安全工作指明方向。

第四章　人工智能与智慧课堂教学模式构建实践

第一节　智慧课堂综述

基于信息化视角的智慧课堂概念从最早提出到现在已有数年的时间，随着信息化课堂教学实践探索不断深入，人们对智慧课堂的认识也在不断发展和提高，持续丰富智慧课堂的概念类型和内涵价值，根据目前对智慧课堂的现状分类，并结合相关概念辨析的基础上，来构建智慧课堂的新定义。

一、智慧课堂的分类

在构建和实际应用智慧课堂的实践过程中，针对不同的学科利用不同的信息技术设计了不同应用目的的智慧课堂场景，进一步扩展了智慧课堂的类型和概念，对智慧课堂进行分类，从不同的标准划分可以有不同的类型。

(一) 按所采用的信息技术划分

根据构建智慧课堂过程中所利用的信息技术对其进行分类，首先是在物联网和教育云端等技术的基础，将电脑终端与电子白板智能化地连接在一起，构建一个实时反馈和实物展示系统的智能化教学模式。其次是在电子书包的基础上构建智慧课堂，为学生提供课前多媒体课程和教材预习课程，为教师提供课堂互动教学和课后作业辅导等功能，进一步提高实际教学水平和质量。然后是利用互联网和云计算等技术构建的智慧课堂，为学生提供针对性的学习服务和帮助。最后是利用网络教学平台构建智慧课堂，以大数据技术为根本，收集一切与教学策略和学习内容相关的数据信息，并对其进行识别、筛选和挖掘，为智慧决策提供一定的数据参考，从而洞悉学生潜在的、真实的需求，形成预判，建立纵向评估体系，形成智慧课堂。

(二) 按学校类型和层次划分

根据构建和应用智慧课堂的学校类型和层次的不同来分类，可以划分为三种类型。

(1) 学校智慧课堂，针对学生身心发展的实际情况和基础教育课程教学及管理特点，其目的在于通过电子书包的方式，将课前、课中以及课后教学环境融为一体，实现校内、校外教学同步的目的，为教师、学生、家庭和社会构建一个互相沟通交流的平台，利用多媒体电脑等设备实现线上互动交流。教师和学生利用电子书包实现良好的教学互动和教学评价，家庭和学校能够实现教学资源同步共享和实时沟通交流，有利于构建互动式和探究式的学校智慧课堂。

(2) 职教智慧课堂是培养高智能人才的主要途径，利用物联网、大数据、人工智能等技术改变原有的"知识课堂"，构建"智慧课堂"，从而实现个性化学习和因材施教，突显职教资源的智能化和智慧化优势，比如模拟仿真、虚拟化实验和智能化测评等功能，有利于培养高素质人才、传承技术技能、促进就业创业，形成适应职业教育的智慧课堂。

(3) 智慧课堂，针对学生手机普及化、班级规模大、师生互动交流少等现实问题，基于移动互联网络构建以教学内容实时传达、师生之间良好互动、生生协作学习、学习行为记录和分析为主要特征，以原有课堂和信息技术深度融合为核心的大学智慧课堂，在智慧课堂上学生可以自行签到，教师可以实现随机点名和课堂测验，并且可以随时记录下学生在课堂上的表现和成绩，有利于增进师生之间的课堂互动，进一步提高课堂教学管理水平和质量，为更好地开展课堂教学打下坚实的基础。

(三) 按学科专业应用类型划分

按实施智慧教学实践的学科专业不同来分，可以划分为各学科的智慧课堂，如中学的语文、数学、英语、物理、化学、生物、政治、历史、地理等学科智慧课堂。比如利用数学智慧课堂开展中学数学教学，数学是三是创设民主、自由的智慧课堂管理体制；四是采用引导学生智慧生成的策略和方法，探索科学、合理的智慧课堂形成性评价机制。

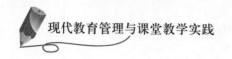

二、智慧课堂与相关概念的关系

想要全面理解智慧课堂的概念和定义，就必须对于智慧课堂相关的概念关系进行很好的梳理和了解，比如智慧教育、高效课堂、智慧教室和未来课堂等概念，我们比较分析如下。

（一）智慧课堂与智慧教育

智慧教育与智慧课堂的概念有着许多相似之处，都是从信息化和教育学的角度去看待和理解，而本书中主要是从信息化的角度去理解和审视智慧教育的概念。智慧教育是智慧地球概念的一个分支，被广泛推广应用在教育领域。其中，华东师范大学教授祝智庭先生就是国内教育信息化方面的专家，其首次提出了相对完善的智慧教育概念，即充分利用物联网、云计算以及互联网等先进信息技术，结合智慧教学的方法构建智慧学习和教学环境，帮助学生养成独立智慧学习的好习惯以及养成正确的价值取向和思维品质，将自己培养成全面高素质的智慧型人才。智慧教育本质上就是一种理想化的教育境界，其与人才未来事业的发展存在非常紧密的联系。在开展智慧教育活动的过程中，教师首先要充分理解智慧教育的内涵，将课堂打造成智慧课堂，通过智慧化课堂教学管理的方式，来引导学生激发他们的智慧潜能，不再仅关注学生的学习成绩和知识技能掌握情况，还要关注学生未来的发展前景和发展潜力。

在现代教学实践中，课堂教学始终是前沿阵地，想要实现智慧教育就必须营造出智慧化的课堂教学环境。课堂教育的核心载体就是智慧课堂，也是实现智慧教育的根基所在。无论是人才培养活动，还是课程教学的实施，都是以课堂教学的形式为主来开展的。在目前的教学背景下，学校和课堂教学是并存的，两者缺一不可。而智慧课堂就是以全新的智慧教育理念为指导，参考和借鉴课堂教学应用的经验教训，对其进行改造和升级，为智慧教育的转型和升级做出了很好的示范。构建智慧课堂的目的在于教师以成熟的教育方式和教育理念去引导学生发掘自身潜在的智慧，并进一步地开发利用转化成自己的智慧，以此来培养和提高学生的创造能力。其本质就是引导学生通过自我发展、自我成长以及自我组织的方式形成创造性思维智慧，为后续的学习和发展打下良好的基础。陈宝生在 2017 年的《人民日报》上发文，其认为现代教育始终要围绕在学生周围，要明确学生的主体地位，通过不同层次和类型的教育模式为学生提供个性化和多样化的教育服务和帮助，尽可能地激发学生学习的主观能动性和发展潜力，为迎接课堂革命提前做好准备工作。教育的前沿阵地始终是课堂，其不仅是学生学习的重要场所，也承载着民族的未来和希望。如果课堂不进行变革，那么教育就难以进行变革，只有从课堂层面开始变革，教育才能实现真正意义上的变革。教育变革的核心内容就是课堂变革，如此才能实现教育真正的发展与表格。而深化教育改革的重要途径之一就是构建、推广和应用智慧课堂，以学生为主体，为学生提供多样化和个性化的教学模式，激发学生的潜能和智慧，将学生培养成高素质复合型人才。

(二) 智慧课堂与"智慧教室"

与智慧课堂含义十分相近，也是容易混淆的一个概念就是智慧教室。智慧教室概念的提出也是源于"智慧地球"概念在教育领域的推广应用，国内众多学者提出了智慧教室的概念。我国知名教育信息化专家黄荣怀等认为，教室本身只是一种物理环境，但在现代信息技术的加持下，教室环境也可以转变为呈现教学内容、获取学习资源、开展课堂互动交流以及情景感知和环境管理的新型智慧教室。聂风华等人在其研究中认为所谓智慧教室就是借助先进的信息机构，利用软硬件设备构建智慧应用服务的教室空间，其主要有六大系统组成，首先是基础设施和网络感知，其次是可视化管理和增强现实，最后是实时记录和泛在技术。

我们研究认为，智慧课堂与智慧教室是两个不同的概念。更明确地说，我们认为智慧课堂概念的提出和发展是成立的、合理的，而"智慧教室"概念是不成立的，至少是不切合实际的。其主要理由是，从智慧的中文本义上来讲，"智"这个字可以用于人，也可以用于物，比如说智能。"慧"这个字几乎都用于人，很少用于物。因此逐渐形成了一种"汇人之慧，赋物以智"的说法。"智慧"是人具有的一种高级能力，而"教室"是一种物质形态，以物理环境的形式存在，不具有"智慧性"，至多具有"机器智能"。按照课程和教学论的观点，课堂的含义更深的层次是指学校的课堂教学活动，是课程

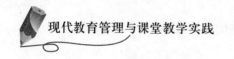

与教学活动的综合体，教室只是为教学活动提供物理的支撑环境。

学者陈卫东等人在其研究中认为，智能教室指的是通过计算机、投影仪、视听设备以及交互白板等设备构建的全新的教室环境，其在于智慧课堂和高效课程有着相似之处，但也有明显的差异。高效课堂是在有效课堂的基础上，按照百度百科的条目解释，所谓高效课堂，从字面意思就可以理解为以提高教学效率和质量为目的而构建的新型课堂。就是基于有效课堂以更好地完成教学任务和教学目的为目的，通过高效的手段和方式来提高整体的教学水平和质量，进一步提高教学影响力和社会效益。

目前基础教育课程的改革已经进入到关键时期，而教育改革的重要举措之一就是构建高效课堂，而国际上教育改革的通用方法之一就是构建学习共同体课堂，即在课堂中教师与学生之间相互学习相互支持共同学习进步，而教学内容的改革要放在保障学生学习权益和确保学生全面发展上。部分学者认为构建高效课堂的目的在于优化和完善教学目的，尽可能地提高教学效率、水平和质量，激发学生的学习潜能和动机，为学生营造出轻松良好的学习氛围和环境。

高效课堂主要有三个方面的基本特征，首先是在建构主义理论基础上构建的教学和学习环境，其次是重视培养和提高学生的学习品质，最后激发学生独立自主学习的意愿。高效课堂依托文化系统和评价系统得以实现。有的学者提出，实现高效课堂成功改革的根本在于降低师生的内在能耗，强化学生的内在学习动力，引导学生产生正向效能。而构建高效课堂没有固定的样本、模式和范本，只有在不断的实践中归纳总结经验教训才能够构建出真正的高效课堂。

根据智慧课堂的概念和定义，所谓智慧课堂就是利用先进的信息技术构建的智能化和高效化的课堂，所以智慧课堂应该是高效课堂的分支。虽然现代信息技术不断地发展与突破，如何将信息技术的优势转化为教学发展的优势是一个亟待解决的问题。目前，全国各地都在积极构建和应用高效课堂，取得的成果是有目共睹的，但也存在许多缺陷和不足。比如，原有的储备、管理和呈现教学资源的方式已经无法适应课堂教学的实际需求、师生之间的互动交流频率和次数不够、课堂评价过于表面化仅仅是通过简单的打分方式对学生的学习结果进行评价，难以及时根据评价反馈的结果去帮助学生提高自己的能力。在现代化信息技术高速发展的背景下，为构建高效课堂创造了有利的环境和条件，基于技术的多样化、情境化教学环境创设，调动学生自主学习的积极性，进一步提高教学资源的开放程度和利用效率；通过教学数据分析进行教学评价和决策实现了基于证据的教学；信息化教学模式在很大程度上与学生的个性化发展需求是相匹配的。

以上皆是智慧课堂的优势与特点。此外，构建智慧课堂的前提就是构建高效课堂，但并不是唯一前提，与一般的高效课堂相比，智慧课堂所具备的功能更加丰富和强大，因为其利用了更多的现代化信息技术，能够构建出更好理想化和智慧化的教学与学习场景。

(三) 智慧课堂与未来课堂

未来课堂与智慧课堂之间存在非常紧密的关系。美国学者克莱顿·克里斯滕森在其撰写的《颠覆课堂》一书中认为：所谓未来课堂指的是利用集成信息技术和软件，为学生创造出可替代可选择的新型课堂，在未来课堂中学生能够通过合作的方式完成学习任务，并分享自己的学习心得体会和经验教训，逐步形成概念化学习的意识和能力，不再依靠单纯的记忆方式去学习。我国学者认为与原有的课堂相比，未来课堂对相关理论和技术支持提出了更高的要求，即将人力、资源、技术、环境和方法等构成要素有机地结合在一起，为学生创造出灵活多变的教学活动和教学场景。未来课堂的主要特征体现在个性化、开放化、智能化、生态化以及人性化等多个方面。着信息技术在课堂教学中的深度应用，对未来课堂有了新的理解，认为未来课堂作为一种教学信息生态系统，具备信息生态系统的系统性、多样性、动态性、开放性、创新性等特征，故未来课堂的生态信息系统必须是由人、信息、课堂教学环境等要素相互作用相互影响才能构成的。由此可见，国内外学者普遍认为未来课堂就是利用现代信息技术构建的新型课堂。

众所周知，智慧课堂就是在数字课堂的基础上借助信息技术发展的全新课堂，所以应该是未来课堂的一种类型。反过来，未来课堂也具有智慧化的内涵。实际上，未来课堂相当于一种智慧化的学习环境，所以未来课堂的特征之一就是智能化。未来课堂是利用现代信息机构构建的和谐交互的智慧化学习环境。而构成该环境的要素既包括智能化的学习空间，也包括智慧化

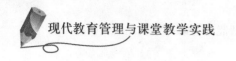

的现代信息技术的支持与帮助。未来课堂作为一个智慧学习环境，其智慧性主要体现三个层面，首先是技术和环境层面，其次是资源和服务层面。

未来课堂本身就具有智慧化特征，智慧课堂是"互联网＋"时代智能化的技术系统与实际教学模式有机融合的产物，也是未来教育改革的主要趋势。智慧课堂在不同的发展阶段具有不同的发展取向，在"互联网＋"时代和教育大数据发展背景下，从教学数据生成教学智慧、基于数据智能的智慧课堂是未来课堂研究与发展的热点和重点，在课堂环境的智慧升级、课堂教学的智慧重构、学习历程的智慧优化、教学评价的智慧发展等方面凸显了未来课堂智慧化发展的特点与规律。用数据智慧重构未来课堂，任重而道远。

三、智慧课堂的新定义

（一）智慧课堂的新要求

从教学应用的视域来看，新的时代背景下智慧课堂应该聚焦于利用现代化信息技术促进师生之间教与学的互动交流，聚焦于学科素养发展的必然结果，是先进的信息化技术与课堂教学模式有机结合的全新产物，是为了教育改革与课堂改革的主要趋势，是为了课堂教学的全新形态和模式。为此在2015年和2017年不断优化和完善智慧课堂的概念和定义，对新型的智慧课堂概念提出了全新的要求。

（1）在服务宗旨上，因应教育信息化2.0时代发展要求，实现教学信息化和信息化教学之间的转换，更好地适应新时代教育改革和人才培养的变化，以培养和提高学生核心素养为基本原则。以建构主义理论和联通主义理论为指导思想，强调学生在教育实践中的主体地位，实现从课堂教学为主向学生个性化学习发展的转变，重点关注学生的个性化发展和成长，帮助学生将所需知识转化为自身的智慧，为学生的个性化发展和成长提供力所能及的帮助。

（2）在技术策略上，坚持"技术引领、平台支持、环境支撑"策略，充分借助新一代的信息技术，比如大数据、人工智能和物联网等技术构建智能化和高效化的课堂。创建智能化的智慧课堂信息化管理平台，借助大数据技术实现智能化的检索、测评和推荐交互，构建网络化、智能化和数据化的交流互动平台，加强师生之间的沟通交流和互动频率，创造智能化的教学和学习场景。

（3）从体系构架的角度来看，其核心在于实现系统的智能化升级，从微云服务器转变为智能化平台，从智慧教学环境转变为智慧课堂生态教学环境，从信息化服务转变为智能化服务，在利用信息技术构建智能化智慧课堂服务平台的基础上，利用 AI 技术为其赋能，构建出生态和谐的智慧化教学体系。

（4）从应用场景的角度来看，智慧课堂教学的应用场景和领域需要进一步地扩大，实现线上与线下、虚拟与现实、课内与课外的相互转化，为个性化学习、智能化测评和科学化管理创造良好的环境与条件，让智慧课堂教学在教学实践中得到全方位的推广和应用。

（5）从实践模式的角度来看，智慧课堂的实际教学应用应该从试点应用向常态化和深度化应用转变，实现从分析智慧课堂的共性特征向分析不同学科智慧课堂的个性化特征的转变，实现一般智慧课堂教学模式的探索向不同学科智慧课堂教学模式探索的转变，实现培养学科知识核心素养向智慧化发展的转变。

（二）新一代智慧课堂的定义

随着时代的发展与进步，智慧课堂未来的发展趋势和客观需求逐渐发生了改变，所以需要对智慧课堂的概念、定义、特征和内涵不断做出调整。结合以上分析的结果，对智慧课堂的定义做出以下调整。

新一代智慧课堂其实就是原有智慧课堂的升级版，是根据建构主义等理论为指导，以培养学生核心素养为原则，借助物联网、大数据、人工智能等现代化信息技术构建的智能化和高效化的新型课堂，为师生创设智能化、网络化、数据化的教学和学习场景，实现线上与线下、虚拟与现实以及课内和课外的相互转化，是一个创新型的学科智慧教学模式，能够实现个性化学习和教学，达到因材施教的目的，有利于学生将所需的知识技能转化为自己的智慧。

新一代智慧课堂在服务宗旨、技术理念、体系架构、应用场景和实践模式等方面，对其内涵和特征赋予了全新的定义。新一代智慧课堂是课堂信息化发展的新阶段，是对现有智慧课堂概念的升级完善和深化发展，是把大数据、人工智能等最新科技成果与课堂教学深度融合和创新的结果。概括地说，新一代智慧课堂的"根本目的"是着眼核心素养发展、打造智能高效课堂；"建设路径"是构建整体架构、创设智能化环境、支持全场景应用；"推进目标"是实现模式创新、精准教学、转识为智。

四、智慧课堂的基本内涵

新一代智慧课堂的发展已经逐渐适应了新时代赋予智慧课堂发展的新要求，也体现了新的技术背景下智慧课堂的新内涵和价值。在正确理解智慧课堂新定义的基础上，需要正确把握以下几个方面的内涵。

(一)依据建构主义等学习理论进行顶层设计

首先要明确构建智慧课堂的基本理论，即在建构主义和联通主义等学习理论的基础上构建顶层的逻辑概念。建构主义认为在特殊的社会文化背景下，学生需要在教师和他人的帮助下，利用教材和辅助学习资料以构建的方式才能获得学习的真谛和意义。

联通主义认为学习不再是一个人的活动，学习是连接专门节点和信息源的过程，提出基于技术中介的学习，在与别人对话的过程中学习。在互联网时代，教育改革的核心理论就是建构主义和联通主义等学习理论，也是设计互联网教学模式的指导思想和指导理念，为构建智慧课堂提供一定的理论参考和依据。参考建构主义和联通主义等学习理论来设计智慧课堂的教学模式和教学环境，需要坚持以学生为主体的核心思想，准确把握情境创设、协商会话、信息提供、联通共享等关键要素，增强学生的主体地位，激发学生的学习积极性和主观意愿，促进师生之间的沟通交流和互动合作。

(二)采用大数据挖掘分析解决原有教学难题

以往的班级授课的模式在长期的教育实践中体现出诸多缺陷和不足，其在教育实践中以教师为主体，在经验教训的基础上很难实现师生互动交流与课内外合作。目前许多学校已经意识到问题的严重性，但利用原有的模式和技术却很难解决实际遇到的问题。借助于智能化课堂教学平台，借助大数据技术对教学决策、评价反馈、互动交流、资源推算和教学呈现进行技术分析，增进了课堂学习的交互与协作，有效地解决了原有教学的难题。从实际课堂教学的角度来看，通过大数据可以有效地体现实际教学水平和质量。比如利用大数据技术可以对学生的作业完成率、课堂表现情况、识字准确率、回答问题频率、师生互动时长和频率等内容进行实时监控和测评。然后借助大数据技术对收集的数据信息进行分析处理，那么教师就不需要依靠自己原有的教学经验去判断学生的学习效果，只需要利用大数据技术对课堂教学数据进行分析处理即可，一切都以数据为基准，做出更加科学合理的教学决策，这样才能解决教学遇到的各种难题。

（三）利用智能技术实现个性化学习和因材施教

虽然现代教育改革理念中一直在强调在实际教学实践中要以学生为主体开展个性化教学，但课堂教学模式中，教师要照顾到很多学生的学习需求，无法有足够的时间和精力为每一位学生提供个性化学习帮助，利用人工智能等新技术可以有效地解决这一问题。例如，利用智能化学习分析，给教师提供最为个性化的学生特点信息，使得可以时刻关注学生的学习行为、过程和表现，真实地了解学生的学习动态，并根据反馈的结果及时调整教学模式和教学内容，做到真正的因材施教。比如，利用智能技术提前给学生布置预习作业，对学生的预习结果进行测评，根据反馈的结果来调整教学设计的内容，实现精准化教学。比如，利用智能技术在课堂教学中推送随堂测验习题，要求学生在课堂完成，并对其完成效果进行数据测评和分析，及时优化调整教学策略和进度。比如利用智能技术给学生布置课后作业，并给学生推送与之相关的学习资料，为学生的个性化学习提供力所能及的帮助。

（四）打造"云—台—端"环境促进教学结构性变革

构建、推广和应用智慧课堂离不开先进的信息化技术的支持和帮助，通过构建"云—台—端"的服务系统，部署和应用智慧课堂的信息化、智能化学习环境，其主体由智能平台、智能端应用工具、智能云服务等组成。信息化智慧课堂平台能够为师生提供教学与学习资源的信息化管理服务和评价等功能，利用教室的多媒体终端设备实现智能化的连接与应用，彻底打破

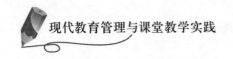

了课堂的环境与布局，为师生之间、生生之间互动沟通和交流创造了有利的环境与条件，师生之间利用云平台和智能终端设备可以实现线上和线下、课内与课外的互通沟通交流，彻底打破了课堂教学模式的时空限制，有利于优化完善课堂教学的结构和流程。

（五）从知识学习走向智慧发展、促进核心素养提升

构建、推广和应用智慧课堂的本质目的在于利用新一代的智能信息技术为师生创建理想化和智能化的教学与学习场景，促进知识学习向智慧发展转变。知识与智慧属于意识活动的两个不同层次。智慧来自知识，智慧与知识之间存在非常紧密的联系。而管理知识就是将知识转化为富有智慧的创新能力，根据 DIKW 模型可以看出，从数据、信息、知识到智慧的演变规律，为我们提供了一条清晰的课堂智慧生成路径：在教学情境的协助下教学数据被赋予丰富的教育内涵转变为有价值的教学信息，再经思维共同体的认知加工演变为鲜活的教学知识，这些知识在教学应用中逐渐升华为教与学的智慧，推动了以数据智慧为主导的智慧课堂的发展，这便形成了课堂智慧化变革的发展趋向，从智慧生成视角揭示出智慧课堂是技术与教学双向深度融合基础上的教学流程再造与智慧生成，是一个真正为教师与学生提供无限参与和自我价值提升的发展空间。

五、智慧课堂的体系构成

通过借助智能化技术构建智慧课堂的方式，能够实现线上与线下、虚拟与现实以及课内和课外的相互转化，能够为师生构建出集人、环境和技术为一体的互动交流平台，有利于构建科学完善的智慧课堂教学体系。

（一）智慧课堂教学体系的总体框架

在互联网时代的背景下，构建新生代智慧课堂就是利用智能化信息技术构建生态课堂教学系统，对学生的学习动态和成果进行实时数据分析，是一种全新的教学模式和形态。首先，构建智慧课堂离不开先进的信息化技术的支持和帮助。其次，课堂的创新和变革需要借助技术系统的支持，才能构建出全新形态的课堂教学模式和教学体系。与智能教室和未来教师向相比，

智慧课堂对技术系统和环境提出了更高层次的要求，即构建集人、资源、技术、系统、环境为一体的生态化、智能化和信息化的课堂教学系统。

在构建智慧课堂教学体系的过程中，要平衡好人、系统与教学活动之间的结构和关系。

表4-1　智慧课堂教学体系的总体框架

智能教学框架层次	构成要素
智慧教学应用层	课前，课中，课后
智能端服务层	管理者、教师、学生、家长（资源推送、微课制作与应用、智能评价、端应用工具、第三方 App）
智能评价支持层	GAP 综合评价、测试系统、动态评价分析
智能资源服务层	课程标准、电子教材、题库系统、动态数据、教育管理信息

（二）智慧课堂教学体系的组成部分

从上表所示的智慧课堂教学体系的框架来看，整体上是按照从下至上的顺序来搭建结构的，其主要由四个方面组成，首先是智慧资源服务层和智能评价支持层，其次是智能端服务层和智慧教学应用层，下面将分别阐述这四个方面的内容。

1. 智能资源服务层

在整个智慧课堂教学模式中，智能资源服务层的主要作用是提供基础的教学内容，为实现智慧化的教学创造有利的条件，为云部署的服务方式打下一定的基础上。其涉及的关键技术由智能化管理、检索和推荐等，在智能化资源管理平台的基础上收集整理与课程教学相关的教材资料和课程标准，并将其纳入教学资源库中，借助智能化信息技术对其进行管理和支配。

2. 智能评价支持层

在智慧课堂教学体系中，智能评价支持层的地位和作用是无可取代的，也是对学生学习动态和学习成果进行数据分析评价的核心所在。其涉及的技术有大数据分析和智能化测评等，其主要作用在于对实际教学和学习效果进行综合性诊断和测评，其主要有四个子系统构成，首先是测试和动态评价分析系统，其次是 GPA 综合评价与教学质量评价系统。

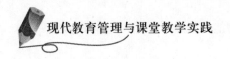

3. 智能端服务层

智能端服务层主要有两部分组成，首先是支持应用的软件设备，其次是硬件设备。软件设备的主要作用在于为智慧课堂提供应用支持和帮助，主要是通过移动终端设备安装应用软件来说回想的，为学习者提供智能化管理和应用服务，其内容主要包括以下几个方面，比如制作和应用智能微课，统计分析评价结果、智能化推送学习资源以及提供沟通交流工具等。而硬件设备主要指的是智慧课堂中所使用的智能终端或桌面中端等设备，比如智能手机、可穿戴智能设备以及智能 PC 端等设备，其使用的人群主要分为四个方面，首先是教师和学生，其次是管理者和家长。

4. 智慧教学应用层

智慧教学应用层的主要作用是实现教与学的互动交流，为师生提供线上和线上、课内与课外的互动交通服务平台。其应用流程主要有三个环节组成，首先是课前环节，即分析学习情况、设计教学内容和预习测评。其次是课中环境，即引导课题、实施检测和归纳总结。最后是课后环境，即课后作业辅导和反思评价。

(三) 智慧课堂的构成要素

根据上文研究的智慧课堂的内涵来看，想要构建智慧课堂必须要搞清楚三大基本构成要素，即智慧教育观念、智慧课堂环境以及智慧教学活动。智慧教育观念是构建的核心所在，智慧课堂环境是实施的重要辅助工具，而智慧教学活动是实施的主要载体，只有平衡三者之间的关系才能构建真正意义上的智慧课堂，才能帮助学生实现个性化和智慧化的成长与发展。

1. 智慧教育观念

智慧教育观念基本上涵盖了所有的学习理论，比如建构主义、两条主义、个性化教育等理论概念，这些理论概念为构建智慧课堂提供一定的理论依据。首先个性教育理念强调要以学生为主体，正确对待学生之间的差异性，重视培养学生的个人能力，在实际教学过程中要以学生的实际需求为核心，调动学生主动参与学生的积极性和兴趣。在智慧课堂中针对学习环境、资源以及教学方式的要求与个性化教育理念是非常契合的，都是对学生的学习情况进行实时分析，教师对学生的学习行为、表现和效果进行测评，针对学生的个性化学习需求调整教学内容和教学模式，为学生及时推送个性化的学习资源，实现真正意义上的因材施教和个性化教育。其次，智慧教育理念是借助先进的智能化信息技术构建的全新的教育模式和教育形态，其具有个性化、智能化、网络化以及数据化等特点。构建智慧课堂是以课堂为基础去验证智慧教育理念的具体实践，所以智慧课堂基本上涵盖了智慧教育的所有特征和基本理念。而建构主义和联通主义等可以为构建智慧课堂提供一定的理论依据和参考，具有一定的指导实践的作用和意义。

2. 智慧课堂环境

智慧课堂环境就是利用大数据、云计算和人工智能等信息技术构建的集"云—台—端"为一体的智能化课堂综合信息服务平台，其主要作用在于为课堂教学提供智能化的信息服务和帮助。其中，智能云服务涉及学习、虚拟化以及资源调度等技术以及计算和存储等技术，其提供的功能和服务主要包括：制作和管理微课、实时推送在线学习资源、智能测评和线上互动交流等，尽可能地满足师生对教学资源和互动的实际需求。比如，教师利用其为学生布置课前和课后作业，并利用该平台对学生作业的完成情况进行智能化批改，教师根据批改反馈的结果了解学生学习情况和学习状态，及时调整教学方式和教学内容，系统还能为学生及时推送针对性的学习资源，学生在平台上可以随时查阅资源和保存查阅进度。构建智能化教室平台涉及智能控制、多媒体以及环境感知等多项技术，其主要功能在于实现数据收集整理、智能化记录和批改以及实时监控管理等，师生教学过程中的所有内容都会自动收集上传到平台终端，平台会对收集的数据进行分析加工和处理，教师根据反馈的结果及时调整教学模式和教学内容，实现精准式教学。比如教师可以利用终端将学习资料投送到学生终端上，在课堂上就是实现作业批注和互动点评，学生能够及时寻求教师的帮助。此外，智能平台还具有一键录制的功能，可以将课堂教学的资源和数据记录在平台终端，教师利用终端平台可以实现智能化的环境调控、推送教学和学习资源以及批改课堂作业等功能。智能终端应用工具涉及的技术主要包括：实时通信、人机交互、数据同步以及决策算法等技术，设计的终端设备主要包括：智能收集、电脑、高清摄像头以及无线话筒等设备，这些都是智慧课堂教学所需要的硬件设备。教师可以使用智能终端来制作微课，并推送给学生让其提前预习，还可以利用终端

来布置和批改作业以及实时记录学生在课堂上的表现，而学生则可以利用智能终端查阅相关学习资料，查看老师批改的作业。由此可见，智慧课堂环境具有智能化和一体化等特征，为构建智慧课堂打下了坚实的基础，为开展智慧教学活动创造了有利的环境和条件。综上所述，新一代的智慧课堂环境指的是集智能云服务、教室智能平台和智能终端为一体的信息互动交流合作平台，能够实现数据的实时收集、分析、处理和反馈，为构建智慧课堂创造了便利的条件，有利于推广和普及应用智慧课堂。

3. 智慧教学活动

在整个智慧课堂体系中，智慧教学活动发挥着不可替代的作用，师生之间的智慧互动交通都需要借助智慧教学活动才能实现。教师在为学生创设个性化教学场景中离不开智慧教学活动的支持与帮助，学生在探索智能化学习的道路上也需要智慧教学活动的帮助，师生之间利用智能终端可以有效地开展多元化的互动交流，有利于解决实际教学过程中遇到的各种问题，有利于帮助学生构建知识架构，通过多元化和智能化的教学评价能够帮助学生将所需的知识技能转化为属于自己的智慧。智慧教学活动涉及多个主体和维度，通过开展智慧教学活动的方式有利于打破教学活动的时空限制，学生能够随时随地进行学习。教师借助大数据技术能够收集和分析开展智慧教学活动中相关的数据，并根据数据分析反馈的结果对实际教学成果和学习成果进行综合评估，最大限度地提高教学效率和质量。在智慧教育观念的背景下，教师通过开展智慧教学活动的方式引导学生掌握正确的智慧学习方法和理念，不断锻炼和增强自主探究意识和能力，最终形成属于自己的智慧。但值得注意的是，学生不可能在短期内就形成智慧，需要长期坚持地为学生提供更多的智慧教学活动，这样才能促进教育变革和人才培养模式的变革，才能更好地达成智慧课堂教学的核心目的，因此必须重视开展智慧教学活动的必要性。

在构建智慧课堂之前，首先要明确智慧教育理念的重要性，然后再科学合理地构建智慧课堂环境和教学活动。此外，教育观念要随着时代的变化及时做出调整。要根据新课改和新考试评价改革的要求，以培养学生学科核心素养为根本，利用新一代信息技术创造全新的人才培养模式和教育模式。通过人工智能和大数据等信息技术来构建全新的智能化和信息化课堂教学环境，不断提高课堂教学的效率和质量。此外，以课堂教学内容为核心，创设不同类型的智慧教学活动，加速信息技术与课堂教学模式的深入融合，构建智能化和信息化的课堂教学体系，以培养和提高学生智慧能力为核心，不断地为构建智慧课堂注入新的发展活力。[①]。

六、智慧课堂教学的样态

(一) 样态与教学样态的含义

西方哲学研究领域产生了样态这一新的概念，指的是事物存在需要满足的条件，与事物存在的形式、方式以及内在结构有关[②]。17 世纪中期，荷兰唯物主义哲学家斯宾诺莎在研究中首次提出了样态的概念，并界定了样态的基本定义。斯宾诺莎在研究中表示，样态可以描述为在实体基础上出现的变形。虽然实体不会受到环境影响而发生质的变化，但样态却长期处于动态变化之中。由此可见，样态的定义和概念应描述为事物微观视角相互之间的联系，即便会受到实体关系的影响，但不会随之发生变化[③]。现代汉语词典中也界定了样态的含义，将其总结为"样式、形态"。一些学者指出，样态包含多个过程，有对原型结构的质疑，有对事物的认知与改造，事物的认识过程存在反复的否定再否定[④]。样态指的是不同事物相互之间存在的内部联系，如果事物的状态发生变化，或是社会需求不断改变，那么样态也会随之改变。样态来源于理论研究与实践证实，是两者相互结合获得的产物。理论的研究与学习能够为样态的表现提供重要的指导，而实践的论证则有助于样态理论的丰富与完善，基于理论与实践的相互结合来实现样态的稳定发展。

结合上述对样态概念和定义的总结与归纳，我们可以将教学样态描述为教学理论与教学实践深度融合以后呈现出来的教学过程。一些学者表示，我们应该基于教学理论来研究教学样态的相关问题，根据教学实践对教学样态的概念和定义进行阐述，将其描述为一种围绕既定教学目标和教学任务所

① 吴晓如，刘邦奇，袁婷婷．新一代智慧课堂：概念、平台及体系架构 [J]．中国电化教育，2019(03)：81–88．
② 冯契，徐孝通．外国哲学大辞典 [M]．上海：上海辞书出版社，2008．
③ [英]大卫·休谟．人性论 [M]．沈阳：万卷出版公司，2015．
④ 于蔚华．富有生命活力的课堂教学样态探究 [D]．东北师范大学，2009．

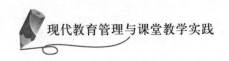

开展的具有较强稳定性和适用性的教学范型。在社会快速发展的今天，教学理论的结构更加科学，内容更加完善，为教学实践活动的有序开展提供了重要的理论指导，也促使教学样态朝着稳定和成熟的方向发展。教学样态通常涉及五个核心要素，具体如下所示：一是理论思想。理论思想是教学样态的关键要素之一，也是指导教学活动的理论基础，在教学活动的开展过程中无处不在，发挥了重要的作用和功能；二是教学目标。日常教学活动的开展离不开教学目标的指引，只有确定科学合理的教学目标，才能保证教学活动朝着既定的方向推进，才能保证教学活动的质量和效率；三是教学流程。在明确教学理论思想以及教学目标以后，需要规划教学活动的流程，确保各个环节相互关联，密不可分，循序渐进；四是师生关系。教师是开展教学活动的主导者，而学生则是教学活动的核心主体，无论是教师还是学生都是教学活动有序开展不可或缺的关键角色，教师和学生相互之间的关系直接影响着教学质量和教学水平；五是教学策略。教学策略的提出与实施包含了教学活动的各个环节，需要提出明确的教学目标，需要规划合理的教学流程，需要引入有效的教学方法，需要丰富教学形式，还需要利用各种各样的教学媒体来辅助教学等等。根据以上的研究结论对教学样态的概念和定义进行阐述，即教师和学生在"教"与"学"的各个环节，通过理论与实践的相互结合，表现出来的具有动态性、连贯性、稳定性的样式和状态。

（二）智慧教学样态的类型

1. 翻转课堂模式下的智慧教学

翻转课堂（The Flipped Classroom），也被翻译为颠倒的课堂，这一概念的起源可追溯到美国的教育领域。翻转课堂的出现对课堂带来了剧烈的冲击，以往"先教后学"的教学模式逐渐被"先学后教"的教学模式所替代。也就是说，教师会在课前对学生进行知识传递，利用先进的多媒体技术录制教学视频让学生在课前观看，接触新的知识，并展开自发的学习。进入课堂教学环节以后，教师会要求学生以分组的形式对预习时发现的问题进行沟通、讨论和交流，促使学生进行知识内化，还能增进教师和学生相互之间的社会人际关系程度。翻转课堂的提出与实施对于教育改革和创新意义重大，通过先进的网络技术来消除教学模式的弊端和缺点，打破时间和空间的桎梏，真正做到了课堂流程的翻转，是教育教学的重大突破与创新。

翻转课堂的教学模式非常注重知识内化，通过教师与学生的相互沟通和互动来帮助学生找出学习过程中遇到的各种各样的问题，并逐一进行指导教学。在翻转课堂策略实施的过程中，教师和学生之间的沟通不仅能够及时找出问题，还能促进师生人际关系的紧密，培养学生的语言表达能力和逻辑思维能力，为学生的全面发展奠定基础。不过应该注重的一点是，翻转课堂既有优点也有缺点，在某些方面始终受到一定程度的约束和限制。由于学生接触新知识和学习新知识的环节发生在课堂以外，对学生的自制力有着一定的要求。假设学生不具备良好的自觉性，必定会对知识学习的效率和质量产生负面的影响，要想切实保证学习质量难度较大，同时也不利于教师对学生学习过程的监督和控制；从另一个方面来讲，如果可以尝试建立智慧教学平台，以此来作为收集数据和资料的工具，就能有效保证教学效果，还能发挥一定的后台监测功能。教师在课堂教学开始之前，利用多媒体技术来设计教学视频，通过智慧教学平台定时发布给学生，要求学生按照流程和步骤完成一系列的学习任务，并在任务完成以后表达自身的看法和意见。由教师对学生的任务完成情况进行监督和检查，及时发现问题，引导学生以分组的形式对学习过程中遇到的问题进行讨论和分析。在课堂教学环节结束以后，学生可以自发地登录平台进行相互之间的交流和互动，或是上传个人的作品，为教师的学习资源推送提供参考依据。

2. 电子书包支持下的智慧教学

电子书包支持下的智慧教学是一种新型的教育教学系统，融合了云平台、智能学习终端等多项技术，通过教学资源的整合、归类与利用来提高教学效率和教学质量，为学生提供优质的教学服务，有效提升了教学管理水平，也为学生创造了更多的学习空间和发展空间。现如今，电子设备的尺寸越来越小，整体结构更加轻薄，以 Pad（平板电脑）为代表的电子设备逐渐成为安装运用电子书包系统的常见载体，深受教师和学生的青睐和喜爱。

Pad 的出现给人们的日常生活和工作提供了便捷的服务，得到大众的喜爱。Pad 与电脑相比无论是体积还是重量都有明显的优势，也不会受到时间和空间的约束，在任何时间任何地点都能高效办公，携带方便，操作简单。Pad 在教学领域的广泛应用，已经证实了这一新型电子设备的优点和优势。

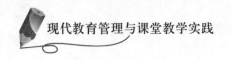

Pad 能够存储大量的教学资源，方便教师和学生随时调用，还能完成丰富的信息交互功能，增进师生相互之间的互动关系，突出学生在教学中的主体地位。教师可利用 Pad 向学生推送学习资源，让教师有更多的时间和精力来对学生进行一对一的指导教学，有助于教学水平和教学效率的显著提升。

就数字化教学模式来讲，虽然引入了多媒体技术但并未对课堂结构和样态产生显著的影响。多媒体在教学中的作用只存在于辅助层面，教师会利用多媒体来播放教学视频，或是展示一些教学相关的图片，这种情况下教师是多媒体的使用者，学生则扮演了观察者的角色身份。随着 Pad 在课堂教学中的普及应用，教师能够借助 Pad 来增进与学生之间的人际关系，此时学生的身份由观察者转变为参与者，也凸显了学生在教学中的主体地位。举例来说，教师可以尝试在课堂教学中添加一些有趣的抢答环节，激发学生的好奇心和求知欲，让学生主动参与其中，在学习知识的同时享受乐趣。从小组合作探究的层面来讲，学生可以借助 Pad 展示小组设计的作品，接受教师和学生的评价，让教师了解学生的作业完成情况，帮助学生找到自身的问题，并提出有效的改进建议和意见。Pad 在课堂教学中的普及与应用有助于提高学生在教学中的参与程度，实现知识和学习成果的交流与共享。就学生来讲，他们的身心发展尚不成熟，思维非常跳跃，性格活泼，希望在任何场合表现自我。教师可借助 Pad 来增设一些有趣的教学活动，鼓励学生在 Pad 上表达自我的想法，上传自己设计的作品，从而促使学生树立自信心和自尊心，为个人的全面发展打下坚实的基础。

（三）智慧教学样态的特征

1. 智慧性

"智慧"一般被划入名词的范畴，指的是发现问题、分析问题以及解决问题的能力。在互联网快速发展的今天，智慧的定义和内涵变得更加丰富，学者和专家们也对智慧一词有了新的看法和观点。随着信息化技术在各个领域的普及和推广，"智慧"和人之间有着一定的关联。"智慧城市"这一概念的提出为"智慧"在各个领域的嫁接开了先河，"智慧教育""智慧校园"等词汇如雨后春笋般不断涌现，层出不穷，开始进入教育工作者的视野。就智慧教学样态而言，往往表现出不同的含义，可从两个方面来论述。一方面，智慧教学样态指的是以"智慧"的方式来开展教学活动，教师在课堂教学前借助先进的信息技术整合教学所需的资源，结合自身的能力与智慧来设计关键的教学环节和流程，为后续的课堂教学活动开展奠定基础。教师在课堂教学活动开展的过程中，通过不同的教学媒体来搭建教学环境，和学生进行深入的交流与沟通，激发学生对学习的兴趣和热情，培养学生的自主学习能力。教师在课堂教学活动结束以后，结合学生的个体差异和水平层次来设计作业，利用智慧教学平台来检查了解学生作业的完成情况，对学生的作业完成效果进行客观的评价，为今后的教学策略提出与优化提供重要的参考依据。另一方面，教师借助先进的信息化技术创设健康的智慧教学环境，在保留知识教学环节的同时，注重学生思维能力的培养与提升，促使学生在学习的过程中完成知识内化，进而以智慧的形式表现出来，为学生的全面发展创造有利的外部条件。

2. 个性化

教师应该注重学生的个性化差异，从而为其创设针对性的学习环境，确保每一个学生都能在学习中有所进步，有所发展。也就是说，学生虽然被归入相同的群体，但不同学生相互之间无论是性格还是能力都有着显著的区别。作为教师，需要根据学生的个性化表现来提出适合学生的教学方法，创设差异化的教学环境。按照智慧教学样态的理论和说法，教师必须对现有的教学资源进行整合，引导学生结合自身兴趣和需求来选择最优的教学方法，把控学习进度，有效保证学习质量和教学效率。

教师需要利用智慧教学平台来对学生的兴趣、能力以及性格等各个方面有一定程度的了解，以此为基础来设计适合学生的教学方法和教学策略。如果学生对某些教学内容有着浓厚的兴趣，教师可借助智慧教学平台来为这部分学生推送对应的学习资源；如果学生的知识掌握程度不高或学习能力薄弱，教师可借助智慧教学平台来为这部分学生推送一些基础性的知识，促使学生对所学的知识进行巩固，加深记忆和印象。此外，教师可借助智慧教学平台来搜集整理与学生学习相关的数据信息，包含学生不同阶段的考试成绩，学生的作业完成情况，还有学生设计制作的作品等等，并对此给出主观的评价。随着虚拟技术在课堂教学的应用，教师和学生之间的关系更加紧密，打破了时间和空间的桎梏，在任何地点、任何时间都能实现双方的良好

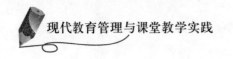

交流。作为学生，可借助智慧教学平台来选择个人感兴趣的课程，在完成课堂教学任务的同时促进自身的个性化发展。

3. 共享性

随着互联网时代的到来，资源共享也不再是遥不可及。互联网的出现给人们的日常生活和工作学习带来了便捷的服务，在教育领域也得到广泛的普及和应用。互联网的兴起实现了社会的资源共享，虽然有些地区的经济和教育水平相对落后，但也能通过互联网来实现课程教学资源的共享，让那些经济不发达地区的孩子们也能接受专业的教育和培训。从智慧教学的层面来说，教师能够在课堂教学活动开展之前利用互联网来整合相关的教学资源，以此作为课堂设计的参考依据。教师在课堂教学活动结束以后，也能利用智慧教学平台上传教学成果，与其他地区的教师针对教学实践进行讨论和交流，明确各自的优点和缺点，起到互补互助的效果和作用，学生可利用多媒体设备把个人设计的课堂作品展示在智慧教学平台上，与其他学生进行交流和互动，在激发学生学习兴趣和热情的同时，还能拓展学生的知识面。学生在课后能够结合自身的兴趣爱好来选择差异化的教学课程，或是与其他同学交流学习方面的经验和心得，在发挥自身优点的同时改正缺点，提出不同的学习思路，有效提高学生的学习能力和核心素养。

4. 连续性

智慧教学样态具有明显的连续性特征，可从两个方面来论述分析。一方面，样态时间与样态空间的扩展。针对以往的课堂教学模式来讲，在时间和空间上会受到一定的约束，可供教师支配的时间相对有限，如果不能在课堂上完成教学任务，必定会耽误后面的教学进度，从而引发一系列的教学问题。随着智慧教学的提出与应用，教师和学生在教学与学习阶段的桎梏被打破，师生能够利用互联网来开展一系列的教学活动，确保教学进度的可控。随着智慧教育环境的改变，教育教学的空间也得到显著的扩展，不管是教室还是博物馆，抑或是家庭，都可能成为教学的空间环境。站在教师的立场来讲，教学活动的开展不再受到时间和空间的限制，利用先进的多媒体技术和信息技术能够在不同时间和地点范围内随意切换，通过教学资源的共享和整合来构建泛在式学习的教学体系。另一方面，教学环节相互之间存在一定的连续性。从教学模式的层面来讲，不同教学环节之间有着显著的断层现象。

作为教师，在课堂教学开始之前需要设计教学流程，在课堂教学开展的过程中需要传授给学生理论知识，在课堂教学结束以后需要布置课后作业。从课前教学设计的层面来讲，教师一般会根据教材和教案等资料来完成，这种情况下必定会导致学生的学习情况和学习兴趣得不到关注，最终的结果就是学生对学习的热情和积极性普遍不高。随着智慧教学模式的提出与应用，教师能够利用智慧教学平台对学生的学习偏好和能力展开预测与分析，切实了解学生的真实水平，或是以在线留言的渠道和路径来咨询学生的学习倾向，确保设计出的课堂教学课程既符合教学大纲的要求，也满足学生的学习需求。这样一来，教学内容的设计就更加科学，更加合理，可以为学生带来优质的教学服务，进一步提高教学质量和学生的学习能力。教师在开展课堂教学活动的过程中，能够借助智慧教学系统来激发学生的学习兴趣，使学生主动参与其中，也能让教师对学生的学习情况和学习进度有深入的了解，以此作为调整教学策略和教学方案的依据。教师在课堂教学活动结束以后，能够借助智慧教学平台来为学生设计课后作业，学生以分组或个人的形式完成作业以后上传到平台上，方便教师快速检查，增强作业批改和修正的时效性和可靠性。作为教师，应该根据学生的作业完成情况来找出学生在学习过程中存在的问题，并在后面的课堂教学中进行指正，帮助学生改正错误，取长补短，不断进步，切实保障学习质量和学习效率。综上所述，智慧教学模式的提出与应用，可实习课前教学、课中教学以及课后教学的联动和交互，从而构成一个完整的教学过程，在高效完成教学和学习任务的同时，促进学生的全面发展。

第二节　人工智能时代的课堂重构

一、人工智能技术概述

"人工智能"的理念和主题是在 1956 年由马文·明斯基等数名人工智能先锋，在 Dartmouth 大会上首先被提出来的。人工智能的概念含义是随时代发展和科技发展而扩展的。McCarthy 相信，人工智能不仅能够模拟人的智力，而且拥有超过人类所有的运算技能。当前比较流行的人工智能概念是:AI 包括数据、计算能力和运算能力三大要素，是对人类智能理论、方法、技术和应用体系进行模拟、延伸和扩展的一种技术。自从 AI 智能问世以来，人工智能的发展就非常的迅速，AI 的发展也出现了三次较大的变革浪潮：在第一次浪潮中，发展了智能计算的能力，但是由于此项计算能力有限，加之视觉、语言符号的不完善，这次发展最终戛然而止。到了 20 世纪 80 年代，专家系统以及神经网络科技的发展，使得 AI 智慧将进入了新的阶段。20 世纪 90 年代，随着深度学习的兴起和发展，人工智能进入了认知智能时代，并逐步将其运用到教育领域，如课堂教学，个性化学习，考试评价，教育管理和决策。随着人工智能的来临，将智能技术与学习技术相结合，已经发展出了一种全新的学科 - 教育 AI（EAI），它将人工智能技术（比如数据挖掘）运用于学校，从而更好地服务于校园内生成的海量信息，并对其进行分析和预报，为其提供更加多样化的学习模式 [1]。

（一）人工智能教育应用的关键技术研究

在教育中，人工智能教学的核心技术是其应用的根本，它的实施将直接关系到其教学实践的成效。人工智能教育的内容包括了人工智能技术、教学过程中使用的智能工具、软件以及系统的总称 [2]。目前，学术界对上述技术的研究，主要从结构架构和框架两个层面展开 [3]。

1. 人工智能教育应用中的关键技术构成

与"人工智能 + 教育"有关的技术内容包含了机器学习、深度学习、自然语言处理、神经网络、学习计算、图像识别等内容 [4]。人工智能以"两个底层"（即机器学习和深度研究）、"三层服务"（即基于特征服务的声音辨识与情感计算技术、内容服务的语言处理技术、行为服务的适应性技术）来展开智

---

[1] 闫志明，唐夏夏，秦旋，等.教育人工智能（EAI）的内涵、关键技术与应用趋势——美国《为人工智能的未来做好准备》和《国家人工智能研发战略规划》报告解析 [J].远程教育杂志，2017(01)：26-35.
[2] 张坤颖，张家年.人工智能教育应用与研究中的新区、误区、盲区与禁区 [J].远程教育杂志，2017(05)：54-63.
[3] 高婷婷，郭炯.人工智能教育应用研究综述 [J].现代教育技术，2019(01)：11-17.
[4] 吴永和，刘博文，马晓玲.构筑"人工智能 + 教育"的生态系统 [J].远程教育杂志，2017(05)：27-39.

能教育，实现个体化的教学①。五大类别的人工智能技术如智能辨识、自然语言理解、学习分析、虚拟现实、教育机器人等全面融合，将有助于实现智能教育功能的提升②。总之，在人工智能的教学实践中，机器学习与深度研究是最基础的技术，这些技术与大数据的融合，为人工智能教学的实际应用奠定了基础。基于这些技术，知识传播、语音识别、视觉分析、自然语言处理、可穿戴技术、情感分析技术、智能数据挖掘、虚拟现实智能模型等才得以实现，为人工智能在教学领域的应用铺平了道路。但随着人工智能技术的发展与升级，人们对于智能教育赋予更高的期望，其核心技术在教学中的运用还没有得到充分的体现，这就要求我们建立一个科学的范畴来定义它。

2. 人工智能教育应用的关键技术框架

当前，关于人工智能教学的关键技术体系的研究虽然还很少，但是其依旧具有很大的参考意义。有些学者建立了教育的智能技术体系，并将其分为五个层次，以帮助人们更好地了解其在教学中的作用，以下对这五个层次的作用和关系进行详细的阐述③。有些学者认为，智能教学的核心服务系统是从"技术"与"业务"两个层面上对其进行了包装，以实现对使用者的全面服务。但是这一系统的使用范围多集中在像科大讯飞这样的公司，所以只是一种人工智能教育的研究人员所了解到的技术④。有专家认为，"人工智能＋教学"的一般技术架构应该包括"数据层""算法层"和"服务层"，并对其功能进行了详细的说明⑤。也有学者针对人工智能教育目前存在的新区、误区、盲区、禁区等问题，从理论上探讨了其应用的生态体系⑥。

合理的构造出智能教学的核心技术架构，是探索科技领域中，人工智能教学应用的一个核心问题，同时，这一结构也能便于普通民众更好地了解

---

① 牟智佳 ."人工智能＋"时代的个性化学习理论重思与开解 [J]. 远程教育杂志，2017(03)：22-30.
② 陈凯泉，沙俊宏，何瑶 . 等 . 人丁智能 2.0 重塑学习的技术路径与实践探索——兼论智能教学系统的功能升级 [J]. 远程教育杂志，2017(05)：40-53.
③ 杨现民，张昊，郭利明，等 . 教育 AI 智能的发展难题与突破路径 [J]. 现代远程教育研究，2018(03)：30-38.
④ 吴晓如，王政 . 人工智能教育应用的发展趋势与实践案例 [J]. 现代教育技术，2018(02)：5-11.
⑤ 吴永和，刘博文 . 马晓玲 . 构筑 "人 T 智能＋教育" 的生态系统 [J]. 远程教育杂志 .2017(05)：27-39.
⑥ 张坤颖 . 张家年 . 人工智能教育应用与研究中的新区、误区、盲区与禁区 [J]. 远程教育杂志，2017(05)：54-63.

其内部规律，加大其对教学实际运用的支持①。虽然已经有专家给出了相关的技术架构作为参考，且在研究界形成了一定的影响力，但面对这样一个庞大的人工智能教育体系，技术架构还是要根据时代和市场的变化而不断革新。所以，智能教育的研究也需要与时俱进。

（二）人工智能技术在教育领域中的应用研究

以人工智能为基础的教育工作，可利用计算机技术和教育平台，帮助教师能够更好地完成教学任务，使学生的学习效率得到提高。在将来，将人工智能与智能工具人的所具备的优势相结合之后，能够便于人们更好地利用感知监测装置，对学习环境和学习行为进行全方位的把控。另外，有些科学家也开始探讨人工智能在教育领域的应用，并分析了其在未来可能会面临的问题和发展前景。

人工智能可以根据适合的教学环境，通过网络搜集训练资料，精确地对所学的知识和喜好做出正确的预测。总的来说，人工智能与教育的融合，主要体现在四大方面：自动标注任务方面、在线答疑方面、智能综合评估方面，以及个人特色学习指导方面。在机器学习的研究中，主要体现在以六个方面；即学习行为建模、学生行为模拟、预测培训行为、学校风险预警、评估支持学习、学习资源推荐方面。在教育与教学中运用人工智能技术，也有人提出将人工智能与科技教育相结合，以达到技术上的全面提升②，进而实现技术与学科之间的高度融合。

在人工智能技术不断发展的今天，许多学者已经将注意力集中在了将人工智能与科技教学相结合的实践上③。教育中的 AI 技术运用，并非单纯地将 AI 与教育结合起来，而是一个动态的、需要不断注入新技术、不断发展的过程，力求在实现其教育效果的同时，节约资源；智能教育所要达到的目的是，能够积极调动每个学生的自主性、激发学生的创造性、培养出与新时代要求相符的人才，最终达到教育与技术在质量与水平上的共同进步。

① 高婷婷，郭炯 . 人工智能教育应用研究综述 [J]. 现代教育技术，2019(01)：11–17
② 闫志明，唐夏夏，秦旋，张飞，段元美 . 教育人工智能（EAI）的内涵、关键技术与应用趋势——美国《为人工智能的未来做好准备》和《国家人工智能研发战略规划》报告解析 [J]. 远程教育杂志，2017(01)：26–35.
③ 白兰 . 人工智能技术在小学家校合作中的运用研究 [D]. 保定：河北师范大学，2020：13.

二、智能教学的技术研究

在智能教学研究的进程中，与教学相联系的技术研究包括：教学自动化技术研究、自动教学评价技术研究、智能决策支持系统研究、专家系统研究、智能评价系统研究等。

(一) 教学设计自动化技术研究

"教学设计"（AID）是指通过运用计算机技术，对教育设计者以及教育产品研发者，进行辅助、指导、咨询、协助或决策的过程[①]。"教学设计"（AID）是指通过运用计算机技术，对教育设计者以及教育产品研发者，进行辅助、指导、咨询、协助或决策的过程。[②]。"教学设计自动化"更为直观的叫法是"计算机辅助的教学设计"，通常用简称 CAID 来代替。

教学设计是教育实践的重要组成部分，它的出现与运用为教育学的发展打下了良好的基础。然而，目前的教育设计还只是一小部分专业人士的"专利"，其推广使用还有很长的路要走。首先，要不断地改进和发展教育设计的方法，如：教学设计的流程模型较为繁杂，"通用"的教学方式在不同的教育环境中，不能很好地进行协调；其次，由于"设计"的工作太多（比如 ABCD 在内容解析的过程中就是一种"机械"的工作）。如果能让计算机辅助老师做"机械劳动"，让老师将注意力集中在学习和教学中的活动上，就能使其显得十分有理论价值和实践价值。

从梅瑞尔于1984年第一次介绍"教学设计自动化"概念以来，它就已经引起了许多教育技术专家、心理学家、人工智能专家和计算机专家的关注。通过他们的研究与创造，该项研究取得了多个阶段性的成果，并在此领域内产生了巨大的影响[③]。②当前对教学设计的自动化研究包括以下五个部分：①对综合型书写工具的供给。比如 WebCT，网络 CI 等。其他主要的网上教育支持系统，均整合了与写作相关的辅助工具，使其能够更好地发挥线

---

① 梁志华，徐庆.网络自动化生成走活教学设计一盘棋——基于网络的教学设计自动化生成系统 [J].中小学信息技术教育，2007(01)：36-37.
② 梁志华，徐庆.网络自动化生成走活教学设计一盘棋——基于网络的教学设计自动化生成系统 [J].中小学信息技术教育，2007(01)：36-37.
③ 刘晋芳.IMS LD 工具比较与应用研究 [D].长沙：湖南师范大学，2010：13.

上设计的作用，使整个流程更加简单。②建立一套专业的教学设计体系。比如由梅瑞尔等所研发的 IDExpert，即是一种以规则为基础的专业知识体系，能够针对教学设计者所能获得的资料、课程组织、内容结构、教学策略等问题进行分析。③为学生提供指导和设计的辅导。专家系统为教师提供了一个全新的学习空间，同时也限制了教师的创造力。④为学生的教学设计建立了一个信息化的管理体系。例如，由学习与研究学会所发展的 IDE(IDE) 体系。⑤建立一个电子性能支援体系。例如 AGD 性能支援体系等。此外，最直观的一种方法就是向老师们展示教学设计的范本。WebQuest 可以为学生提供多种便捷、实用的教学设计范本，使设计者和老师只需在网页上输入相关的信息，即可完成网页的制作，从而极大地减少了教学的困难。

教育自动化设计的进一步发展，对其"智能"的提升提出了更高的需求，这就需要在学习过程中，利用自然语言的学习和知识搜索等方面的研究。比如，有必要通过自动教学设计的方法，从论文中提取出一些观念之间的联系，从而产生一些可视化的图形。如概念图，思维导图等，经过手工的校正，可以得到有效的报告。实现该技术的关键技术有：实体提取技术和关联提取技术。

(二) 教学自动测评技术研究

教学自动化评估是 CAA（计算机辅助评价）的重要组成部分和前沿领域[①]。该系统的主要步骤为：首先借助设备将标准答案输入计算机内部，由计算机进行自动或半自动化的判定，并进行成绩的统计。CAA 在诊断、形成性、总结性三个方面都能很好地运用，无论是对学生还是对教师的评估，都能起到很好的作用。CAA 体系的组成主要有三个部分：试题库组卷、测试环境和自动阅卷、测评数据的统计和分析。

当前针对 CAA 的应用研究包括以下三个领域：①从已确定的若干问题的回答中，选出有限的答案或进行对比，这种实际测评的方式仅限于事实型或者记忆性知识。因为计算机对答案没有任何主观的判断，仅靠客观识别；②计算机适应性考试（CAT）：是从一个大量题库中选择代表性的题目构成考

---

① 钟琦，胡水星. 人工智能在教育中的整合应用研究 [J]. 赣南师范学院学报，2011 (06)：66–69.

卷，并依据特定的规律和受试者的反馈最终确定，直至达到设定条件；③利用因特网实现远程测验和评估。目前有关客观识别和自适应测试的理论、方法和技术已经较为完善，能够很好地处理知识级的评估问题。当前的研究领域和前沿议题有两个：①主观的测试问题如何实现自动化评估，通俗来讲，就是如何在计算机上对自由主观意识的回答进行评估。此项研究的突破，有利于扩大智能技术在教育中的实施面；②技术性非客观问题如何进行智能评估。

(三) 专家系统的研究

所谓的专业人士，往往在某个专业上有着深厚的造诣和深厚的阅历。在问题的处理上，专业人士往往具有一种特殊的思考方法，能够很好地处理一种复杂的问题，或者给使用者提供一些具有积极意义的建议。专家系统是一种拥有丰富专业技术的计算机智能编程体系。该系统能够利用某一专业或多种专业人士所具备的专业技术和经验，利用人工智能中的推论技术，对各类复杂问题进行求解和仿真，从而实现如同与专业人员相互交流并得到最终答案的目的。该系统既需要具备与领域相关的各种专业知识，还要具备与专业人员相似的逻辑推理技能，以便能够运用该系统来处理现实问题。比如，一个医疗专家，可以对患者的病症进行准确的诊断，判定其轻重，并且开出一些药方。同一专业、不同类别的专家系统，虽然在组织架构与职能上存在着一些差别，但其构成却是相同的。一个基础的专家系统由六大模块构成：知识库、数据库、推理机、解释器、知识获取和使用者接口。

(四) 智能决策支持系统的研究

在计算机网上教学中，智能判定体系的使用是最有效的[①]。决策者利用决策系统所提供的有关数据，可以帮助使用者快速理解各种信息和背景，从而确定不同的教育目的。同时，它还可以对各种信息进行综合分析，构建多种决策模式，为教师和学生提供更多的选择，以提高教师和学生的学习效率。从现实情况来看，该系统在计算机网上教学中的作用非常明显，其发展潜力和发展空间都很大。

---

① 关博. 人工智能技术在计算机网络教育中的应用 [J]. 电子技术与软件工程，2019(03)：240.

(五) 智能导学系统的研究

借助 Agent 技术，各大学都可以采用这种技术进行教学。由专门的技术人才构建一个智能化的教学体系，使不同的学习类型、不同层次的人能够根据自己的需求，提供符合自己的个性化指导，从而极大地提高网上教学的针对性和前瞻性。在智能引导体系的支持下，它能够根据学生的需要，制定和执行一套科学的教学计划。使学生能够更好地解决学习中所产生的各类问题，并根据这些问题，对学生的学习状况进行最优的计算，使之能够更好地反映出其所具有的诊断和分析能力。

(六) 智能评价系统的研究

系统评价通常用于新建或改造的项目中，同时也可以针对已有的项目进行系统评估，继而从经济、技术、生态、社会等各个角度对其展开审核和筛选，最终确定出一个较好的系统方案。由于计算机网络技术有限、系统评估的难度较高，因此经常被使用者所忽略，影响最终的评价效果。而智能技术则赋予了一种全新的技术手段。比如，人工智能可以用专家知识库和问题求解两种技术的结合，帮助计算机网络得到有效的管理。而 AI 则可以将专家的知识、经验和总结整合起来，并将这些信息输入到相关的系统中，从而对系统进行科学的评估，以提高系统的评估效果[①]。

三、人工智能时代的课堂

21 世纪是"课堂革命"的世纪，世界各国的课堂正在静悄悄地发生变化。人工智能打破了这一平衡，加速了课堂重构的进程。2017 年 7 月，国务院颁布《新一代人工智能发展规划》，强调利用智能技术加快推动人才培养模式、教学方法改革，构建包含智能学习、交互式学习的新型教育体系。2017 年 9 月，时任教育部党组书记、部长陈宝生在《人民日报》撰文，明确提出要掀起"课堂革命"，努力培养学生的创新精神和实践能力，吹响了课堂革命的号角。2021 年 7 月，美国国家科学基金会发布人工智能研究机构资助计划，新增 11 个国家人工智能研究中心，其中两个致力于促进儿童和

① 关博. 人工智能技术在计算机网络教育中的应用 [J]. 电子技术与软件工程, 2019(03): 240.

成人 STEM 教学。

(一) 课堂重构的必要性

1. 时代呼唤：未来社会需求变化是引发课堂重构的根本动因

在科技空前活跃、知识经济驱动的 21 世纪，人类生产与生活方式急剧变化，对劳动者的社会分工及生产能力提出新的挑战。教育是面向未来的事业，如何培养适应未来社会的创新型人才已成为全球共识和改革焦点。2009 年，美国提出"21 世纪学习框架"，系统化定义了面向未来社会的技能框架、关键能力及其支持体系。2016 年，教育部发布《中国学生发展核心素养》总体框架，明确了学生应具备适应终身发展和社会发展需要的必备品格和关键能力。未来人才培养目标及其内涵的界定为新时代教育改革与发展指明了方向，课堂是人才培养的主渠道，也是教育改革的主阵地，其创新与变革势在必行。人工智能为进一步破除课堂标准化、同质化等束缚创新型人才培养的工业时代烙印，发展以素养和能力为先的个性化、多样化课堂教学新样态提供了历史性机遇。

2. 科学指引：学习机理认知深化是促进课堂重构的思想源泉

教育的本质是促进人的成长，对人类学习机制与规律的认识有助于更加科学地指导教学实践活动的开展，也在很大程度上决定了教学形态与模式。近百年来，受益于认知心理学、学习科学、神经科学等领域的发展，对学习机理的研究不断深化，先后发展出行为主义、认知主义与建构主义三大理论，相应地形成了学习是"反应强化""信息获得""知识建构"三种隐喻。学习的本质，也从局限于知识与技能的获得发展成为意义与关系的建构。学习观的进化，不断冲击课堂场域，带来课堂教学形态与模式的革新浪潮：从授受主义走向互动创生，从学习的被动、个人化变为能动、协同化。在课堂中，学习是建构客体间关系与意义的认知性、文化性实践，是建构课堂人际关系的社会学、政治性实践，也是建构自身内部关系的伦理性、存在性实践。同

3. 技术驱动：人工智能技术进化是实现课堂重构的加速引擎

在当今世界的新一轮科技革命中，人工智能进一步彰显"头雁效应"，引领科技、产业与教育革命交融汇聚。回自 1956 年达特茅斯会议首次提出

人工智能的概念以来，人工智能历经知识驱动、以知识工程为代表的 AI1.0 时代，到数据驱动、以深度学习为代表的 AI2.0 时代，当前正处于向"数据＋知识"联合驱动发展的转型期，双轮驱动的智能技术范式成为趋势，AI3.0 时代正在来临。

随着技术的进步，智能教育将突破过去以外显学习行为识别为代表的浅层感知技术瓶颈，进一步实现对学习情景、意图或状态的深层理解。同时，知识增强的认知计算方法将赋予机器更强的推理和决策能力，能够在课堂群体协作、"师—机—生"多模式交互等更复杂的教学场景中提供更具策略性的学习支架与教学辅助，为加快课堂创新与变革提供新的动能。

（二）课堂重构的内涵与挑战

1. 课堂重构新意涵

纵观课堂发展历史，从农耕文明时期的"国子监""书院""私塾"等，到工业社会时代的班级制课堂，再到信息时代以幻灯、广播、电视等基于模拟信号的视听媒介为主的电子化课堂，以及以数字计算机、互联网等为标志的数字化课堂，课堂形态的进化都带有浓厚的时代烙印。随着现代科技的快速发展，课堂形态的演变正在加速。

如今，在以人工智能为代表的新一代信息技术的引领下，人类正从信息社会迈向智能社会，课堂教学也迎来新一轮重构的时代契机——从数字化向智能化跃升。智慧课堂是智能技术与课堂教学深度融合的新产物，也是智能时代人才培养模式与课程教学改革有机结合的新形态。智慧课堂继承了"智慧"一词的内涵，具有"人之慧"与"技之智"的双重意涵。从教育视角，智慧课堂意在激发教师之"慧"，发展学生之"慧"，用"师之慧"点燃"生之慧"。依据多元智能理论，每个人的智力结构是多元的，其智慧发展也是多样的。故而智慧课堂的核心内涵之一是个性化，摒弃课堂整齐划一的知识传授模式，变标准化教学为尊重学生个体、促进学生知识建构与素养提升的个性化教学。

从技术视角，智慧课堂强调技术赋能课堂教学体系重构之"智"，利用物联网、大数据、人工智能等技术创新课堂教学环境、资源与服务，使课堂教学过程可追踪、可量化、可计算，大大拓展教师的感知、分析与决策能力。因此，智慧课堂的核心内涵之二是精准化，突破课堂人类教师的感官限制，变经验式教学为数据驱动、智能增强的精准化教学。

从两者融合视角，智慧课堂的核心内涵之三是多元化，从教学环境、主体、模式等多维度全方位超越了课堂的概念及内涵，从以物理空间、师生二元、讲授式教学等为典型特征的流程单一、结构僵化的旧式课堂，变革为支持"物理—信息—心理"多空间融合、"师—机—生"多主体协同、"讲授—启发—探究"多模式耦合等流程更丰富、结构更灵活的多元化课堂。

2. 发展态势及挑战

过去十年，以深度学习为代表的新一轮人工智能技术迅猛发展，计算机视觉、语音识别、自然语言处理等技术取得突破性进展，在各个行业掀起应用热潮，推动社会迈向智能化时代。在此背景下，人工智能与课堂教学加速融合，在全球范围内掀起一场课堂创新与变革的浪潮。例如，采用人脸检测、表情识别、姿态识别等技术自动记录学生在课堂教学环境中的听课行为，分析其专注度、认知负荷等信息，实现对课堂教学过程的智能感知与分析，为教师实时掌握课堂学情、及时作出教学调整提供数据与决策支撑。

我国尤其重视智慧课堂创新发展，"政产学研用"各界围绕智慧课堂的发展战略、学术研究、产品研发、应用实践等全方位发力，致力于构建人工智能时代的课堂教学新生态。政策上，国家及相关部委通过发布一系列文件和政策，规划智慧教育及课堂教学变革方向。如2019年，中共中央、国务院印发《中国教育现代化2035》，提出建设智能化校园，统筹建设一体化智能化教学、管理与服务平台，利用现代技术加快推动人才培养模式改革，实现规模化教育与个性化培养的有机结合。同年，科技部宣布建设智慧教育国家新一代人工智能开放创新平台，旨在打造包括课堂教学在内的全场景智慧教育创新生态。学术上，大量学者围绕智慧课堂理论、技术、模式以及伦理等开展了广泛研究并取得一系列成果，包括智慧课堂的内涵界定、体系架构、环境创设9，以及面向学科特点的教学模式与应用探索、聚焦学生多元发展的智慧课堂构建策略等；产业上，随着以智慧教室为代表的智能化教学产品大规模进入学校，人工智能赋能教育教学的场景也逐渐从在线学习走向课堂教学，加快了智慧课堂系列化产品的技术创新、市场培育以及生态构建；应用上，受政策、技术、市场等多重因素驱动，围绕智慧课堂的各种教学模式探索已在全国各地如火如荼地开展，尤其是依托国家、省市等各级各类智慧教育示范区建设工程，智慧课堂成为当前智慧教育创新应用的主旋律。

但是，课堂是一种由多个体、多模式互动，承载"教书""育人"双重属性，同时又受课程目标、教学时间、授课空间、师生特点、文化价值等多条件约束的复杂系统，具有动态开放、自组织、非线性等复杂性，在与智能技术的融合过程中，又在教学空间、主体、环节与模式等方面带来诸多拓展因素，使智慧课堂的创新发展面临多重挑战。

一是多空间融合。"以生为本"始终是课堂重构的核心要义。如何在当前智慧课堂聚焦于"物理—信息"双空间融合的基础上，纳入学生认知与智慧发展的心理向度，实现"物理—信息—心理"多空间融合，是智慧课堂的应有之义。

二是多主体协同。人工智能技术的突飞猛进带来机器智能的显著提高，将逐渐突破课堂的"师—生"二元结构，发展成为"师—机—生"三元互动的智慧课堂新范式，一大挑战是如何有效协同人类与机器教师的新角色。

三是多环节汇通。人工智能进一步模糊了课堂的时空界限，"课前—课中—课后"一体化教学成为新常态，如何实现"备—教—练—测—评—管"等多环节的数据融汇以及智慧贯通，是智慧课堂升级发展过程中需解决的问题。

四是多模式适配。从"师—生"进化到"师—机—生"，智慧课堂大大拓展了教学模式的创新空间，但同时也带来模式适配的难题，如何根据学科特性、师生特点、情境特征等选择适切有效的教学模式成为新的挑战。

（三）课堂重构的可行性

面对以上挑战，需从理论、技术与应用等多层面开展创新，发展课堂精准教学理论，构建"环境—资源—活动—评价—交互"一体化智慧课堂技术体系，推动智慧课堂创新实践，以加速人工智能时代的课堂重构。

1. 理论框架：指引智慧课堂精准教学

数据密集型研究范式对社会科学发展带来的变革效应，推动了教育科学研究范式转型以及理论创新，催生出计算教育学新方向。智慧课堂是一个由多要素构成，各要素相互联系、相互作用形成的复杂系统——"师—机—生"等多主体，在"物理—信息—心理"等多空间，围绕"备—教—练—测—评—管"等多环节，依据不同教学目标和教学策略开展多模式交互。为揭示系统的内在机制与运行规律，优化各要素之间的作用关系，同时也为降低这种复杂性对教学实践所带来的认知负荷，亟须发展一种支持课堂核心要素可量化、关系可计算、流程可调控、伦理可解释的智慧课堂精准教学理论框架。在人工智能技术的加持下，智慧课堂强大的数据感知与计算能力，使其成为一种典型的数据密集型研究以及实践场域，为构建精准教学理论框架提供了现实基础。在新理论框架的指导下，结合具体教学场景，采用数据密集型研究范式，探究智慧课堂环境下的认知规律与教学原理，形成新知识与新理论，超越课堂教学的定性分析与经验决策模式，体现智慧课堂个性化、精准化与多元化教学的新意涵。

2. 技术体系：打造智慧课堂全新样态

在人工智能时代，技术是促进课堂重构的加速器。聚焦智慧课堂核心要素，开展智慧环境创设、资源组织、活动编排、学习测评、人机交互等关键技术革新，建立智慧课堂技术创新体系，打造智慧课堂全新样态。

智慧环境创设。以智慧教室为代表的环境创设技术通过有机融合物理与信息空间，提供智能化的情境感知、教学决策、人机交互、环境管控等功能，有效促进了智慧课堂发展。未来随着物联网、虚拟现实、生理感知等技术的进化，智慧课堂环境将从"物理—信息"双空间发展为"物理—信息—心理"多空间融合，进一步突破环境的物化属性，强调其对学习主体心理因素的影响。因此，构建以学习主体为中心的智能教学场，破解场景计算、主体理解与服务适配等技术难题，是智慧课堂环境创设的技术发展趋向。

教学资源组织。因应智慧课堂发展新意涵，课堂教学资源将从"教材"单一形态升级为"学材""习材""创材"等多形态，4分别侧重于知识传授、内化与创新，共同促进学习者的知识建构和智慧发展。教学资源形态的进化必然带动资源加工、组织、呈现等技术创新，首先，需建立支持多粒度组装的资源构件模型，突破融合课程主题与场景语义的资源分片、知识标注、构件装配等深加工技术；其次，研发具有强交互、自组织特性的新一代电子教材，支持个性化路径规划、自适应资源推送、多模式教学互动等智能化资源服务。

课堂活动编排。活动是课堂的基本要素，活动编排贯穿课前教学设计、课中教学实施以及课后教学反思，覆盖了整个课堂生命周期。课堂的多重复杂性使人工智能如何赋能课堂编排、变人工编排为智能编排成为一大挑战。首先，需对课堂教学活动进行形式化定义，建立以活动为中心的统一编排模型，支持活动序列之间数据流与控制流的自动化建模，实现对教学活动的结构化表示；其次，利用智慧课堂的场景感知、自动推理等技术，提升编排模型对多模式教学活动流的事件监测与逻辑推理能力，实现对教学活动的适应性调节。

学习过程测评。测评是课堂的核心环节，有助于帮助教师准确把握学情并作出合理决策。智慧课堂个性化、精准化与多元化教学的新意涵，也意味着学习测评必须更加及时、准确，同时还需面向知识、思维、能力等多层次测评需求。结合多模式课堂教学场景，利用课堂学习大数据与智能诊断技术，发展数据驱动的知识、思维、能力等多元认知追踪与归因分析技术，尤其是面向课堂协作学习、探究学习等开放复杂场景的以问题解决为主要形式、以高阶能力培养为主要目标的智能诊断技术，实现对学习过程的智能化测评。

新型人机交互。智慧课堂设备多样、交互频繁、数据密集等特点，易造成人的信息与认知过载，对"师—机—生"之间的高效交互带来挑战。随着人工智能与课堂教学的不断融合，新型课堂人机交互技术将会呈现两种趋势：一是从单模到多模，从当前以触屏操作为主的交互，拓展为语音、手势等多感官融合的多模态交互方式，实现更自然的人机交互；二是从被动到主动，突破当前以人为起点、机器被动反馈的交互模式，实现以机器为起点，基于其对课堂场景的智能感知与理解，发起对人的主动交互，提升课堂人机交互的智能化水平。

3.应用模式：推动智慧课堂创新实践

智慧课堂是人工智能在课堂场景下创新应用的产物，更是在大量的教学实践过程中不断迭代优化的结果。未来，智慧课堂的进一步发展依赖于在课堂教学中多场景常态化、多学科差异化、多模式智慧化的应用。具体而言，拓展智慧课堂应用场景，开展线上线下、课内课外、虚拟现实融合的多场景教学，贯穿课前、课中、课后全流程，从试点性探索走向系统化、常态化、深层化应用；开展多学科智慧课堂创新应用，结合语言类、逻辑类、艺术类等不同学科的特点，探索学科导向的智慧课堂教学新模式，发掘智能技术与学科融合的创新点，从

通用智慧课堂走向学科化智慧课堂；发展多模式智慧课堂教学样态，聚焦学生核心素养与关键能力培养，统一智慧课堂"技之智"与"人之慧"的双重意涵，发挥智能技术之于学生智慧发展的优化调节效应，突破课堂囿于固定教学模式的藩篱，推动课堂教学从模式化走向智慧化。

(四) 课堂重构的策略

智慧课堂的创新变革并非一蹴而就，也不是一个单点突破问题，而是一项需从政策引导、学科交叉、教研结合、人机协同等多方面进行长期性、系统化创新的工程，以重构智慧课堂教学生态，促进教育高质量发展。

1. 加强政策引导，提升教师素养

首先，继续加大对智慧课堂创新发展及应用的政策支持力度，尤其是制定专门针对智慧课堂的政策举措，引导学校、企业、科研机构等各类主体积极投身人工智能时代的课堂创新浪潮，为加快推动智慧课堂升级发展提供制度与机制保障；其次，结合新时代教育高质量发展总体目标，出台系列激励政策，提升教师在课堂教学应用人工智能的意识、技能与价值感。作为课堂教学的主导以及课堂创新的主体，教师素养高低决定了智慧课堂的创新高度。

2. 强化学科交叉，突破技术瓶颈

深度融合教育学、认知科学、计算机科学、心理学、脑科学等多学科理论，综合运用自然科学与社会科学研究方法，发展面向智慧课堂的新理论、新技术与新应用，解决人工智能时代人才培养及课程教学改革中的环境重构、流程再造、资源升级、评价转型、治理优化等一系列问题。基于"场景＋数据＋知识"多轮驱动的智能技术新范式，重点突破面向智慧课堂协作学习、探究学习等复杂认知活动的智能感知与干预技术，促进人工智能与教育的双向赋能。

3. 注重教研结合，推动应用创新

充分发挥智慧课堂兼具教学与研究双重属性的优势：一是立足教学实

践，注重从真实课堂中发现问题，开展问题驱动的智慧课堂理论

与技术研究，破解课堂学习主体性、对话性、协同性不足的难题，提升智慧课堂应用价值；二是强调实证研究，鼓励智慧课堂研究成果走出实验室，深入一线课堂实践，基于应用效果和师生反馈来评价其研究价值。以此，形成智慧课堂创新应用与科学研究的良性循环，实现高质量人才培养与高水平学术研究的同步提升。

4. 探索人机共融，促进生态重构

在可预见的未来，人工智能带给课堂教学的最显著变化是突破"师—生"二元结构，变成"师—机—生"三元主体协同交互的新生态。针对智慧课堂教学场景，综合人类与机器教师各自的优势，创新混合增强的智能教学服务，发展人机协同的课堂教学新模式。与此同时，健全智慧课堂数据安全、技术异化、隐私保护等伦理监管与治理机制[①]，构建教育伦理框架，增强教育人机互信，推动课堂教学从人机协同走向人机共融，实现人工智能时代的课堂重构。

四、基于人工智能的课堂分析实践

(一)人工智能在课堂分析概述

近些年来，人工智能技术逐步运用到教育教学的一些特定应用场景之中。例如，将人工智能技术运用于个性化资源推送、学生作业自动化批改、英语口语发音自动化诊断识别等 [8]。基于人工智能在图像识别、语音识别、模式识别等技术功能模块的鲜明优势，在细分教学应用场景之中取得了减轻教师重复工作，提升部分学习效果的初步成效。但是，当前的人工智能仍然处于弱人工智能阶段，人工智能本身并不具备跨领域、自我理解、自我意识等通用智能的特性。当前的人工智能技术还需要教育工作者不断结合具体应用场景，展开规则定义、数据标签、训练架构等一系列具体过程。

目前，国内外团队主要借助教室中的摄像头、录音设备或脑电波设备，采集课堂中的多模态数据进行分析。例如，对课堂视频中的举手画面，能够

① 刘三女牙，刘盛英杰，孙建文，等 . 智能教育发展中的若干关键问题 [J]. 中国远程教育，2021(4)：1-7，76.

运用人工智能技术自动识别举手的图像，从而统计一节课中的课堂举手次数和举手时间点分布。有研究团队对小规模课堂中的学生进行脑电波采集与分析，判断教学事件与大脑专注度之间的联系。还有研究团队通过深度学习模型进行训练，自动识别一节课中的教学九事件，从而判定该节课的教学事件序列分布。总体而言，目前人工智能在课堂分析中的应用主要集中于对单一数据维度的分析。个别公司和研究团队试图通过单一技术进行课堂分析与课堂评价，例如出现了自动化检测课堂中学生表情专注度的方式。但是，这些单一维度的技术诊断方式不仅过于片面，而且容易产生误导和错误推论。课堂分析往往不能因为某个单一维度的数据指标就做出评价。因此，建构一套更加全面完整的多模态课堂分析架构与课堂分析标准，是人工智能＋课堂分析的关键。

(二) 基于人工智能的课堂分析架构

结合课堂分析的理论与实践发展，充分考虑人工智能对课堂分析的技术价值，华东师范大学课程与教学研究所团队经过初步探索，对近万节课的多模态数据进行整理、清洗、处理与人工智能分模块预分析，从而提出了基于人工智能的课堂分析架构。该架构分为数据层、认知层、标准层、应用层。整个分析架构的核心在于标准层 (高品质课堂分析标准)。该标准对数据层、认知层起到结构性导向价值，又对应用层起到实践性指向价值。

1. 数据层

在审慎的学术研究伦理规范下，通过多种摄像设备、拾音设备、传感器类设备可以采集课堂中的多模态数据，并将采集后的数据进行结构化分类，主要有六大类别，分别是言语数据、行为数据、心理数据、生理数据、脑数据、学业数据。

(1) 言语数据

课堂中的教师授课话语、师生互动话语、学生小组讨论话语等包含了大量的课堂教学与学习数据。例如，采用360度自动指向性声音采集器、矩阵式声音录制设备、携带在教师身上的拾音设备，或课桌上的小型录音笔等，都可以更加清晰地采集课堂中的语音。

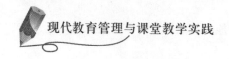

（2）行为数据

采用一般或深度摄像头，充分运用多机位多视角的方式，可以更全面地记录课堂。一般而言，至少采用前摄像头和后摄像头两个视角进行课堂录像，既关注了全体学生，也记录了教师的主体教学行为。有条件的情况下，可以增加第三路摄像视角，针对几位学生或个别小组进行全程录像拍摄，从而更全面详细地记录学生行为。

（3）心理数据

包括问卷量表，还可以通过语音语调，用词类型、面部表情等综合分析，推论学生或教师的心理状态。

（4）生理数据

一般采用皮肤电、眼动仪、压感仪、心电检测等，综合一系列的基础生理信号数据。生理信号本身具有更高的真实性，采集时被试者往往无法长期主动伪装自身的生理数据。

（5）脑数据

虽然脑成像技术仍然处于初步发展阶段，但其应用于教育教学中具备更深入的解释力和独特视角。有研究人员已采用简易的脑电波（Electroencephalography，简称 EEG）设备，在课堂中进行大脑信号的多人同步采集。

（6）学业数据

采用多种方式收集学生学业数据，包括阶段性的考试测试成绩、作业作品的表现，以及采用智能终端获取学生学习的过程性和生成性的动态学习数据。

2. 认知层

认知层是建立在课堂多模态数据的基础上，用人工智能的方式对数据进行识别、推理、诠释与理解。认知层的分析构建是在课堂评价标准的指向下，结合人工智能技术，形成认知模块，其主要包括但不仅限于话语分类、行为识别、对话分析等。

（1）话语分类

通过数据库所采集的大量语料，进行机器学习，形成对语音、语义、语用、语境等言语的识别。通过音色与声纹识别可以区分教师与学生，实现自动话语人区分。话语人识别为进一步分析课堂 ST（学生—教师）比例，做出课堂类型判断与课堂时段分类提供重要依据。

（2）行为分析

通过姿态识别和课堂中的定向标定数据集，可以分析课堂中的举手、站立、低头、点头、抬头、写作、阅读等课堂具体行为。

（3）对话分析

结合词向量分析模型，先由研究人员按照一定的规则（例如师生对话 IRE 分类规则）对语句进行标注，形成训练集，在机器学习后不断提升准确率，从而进一步实现课堂对话的语义分类分析。例如，机器可以自动识别教师的问题属于封闭式问题还是开放性问题，从而让人工智能能够理解课堂对话意涵。

3. 标准层

基于收集的 1 万节课堂视频录像、10 万份教学设计，以及运用人工智能技术的初步尝试，华东师范大学课程与教学研究所团队提出了基于人工智能的课堂评价新标准———高品质课堂分析标准（Class Efficiency Equity Democracy，简称 CEED）。

一堂课的效果不是看老师讲得多精彩、多全面、多生动，而是最终要看学生有没有发生学习，有没有更多学生参与学习，学习目标有没有达成，以及学习以何种方式展开。因此，运用人工智能技术对课堂进行分析与评价不能只看老师，而是要全面地观察与分析课堂。高品质课堂分析标准构建了三个层次、九个维度。其三个层次分别是课堂效率、课堂公平、课堂民主。

第一个层次是"课堂效率"，主要关注课堂中的学生有没有参与学习的行为与言语，以何种方式明确学习目标，是否达成学习目标，以及是否愉悦地参与课堂。该层次包括"有学""有效""有趣"三个维度。第二个层次是"课堂公平"，关注课堂上的每个人是否都有学习机会，机会的分配是不是均等的，课堂中的流程与程序是不是公正的，对话是不是平等的，以及对话的开放度，教师对学生回答的反馈与引导。该层次包括"分配""程序""互动"三个维度。第三个层次是"课堂民主"，学生在课堂上的学习主体性体现在"安全""自主""合作"三个维度。该层次关注课堂学习氛围是否安全，如教师是否鼓励学生发言，学生是否主动提问，以及学生是否敢于表达不同的观点；学生学习的过程有没有自控的行为或自主的时间；学生是否以差异或协

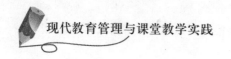

同合作的方式展开学习。

在每个维度和观察点上关联多模态数据和人工智能分析结果，可以更加全面地刻画与分析一整节课。整体而言，高品质课堂分析标准构建了一个关注学生学习的课堂分析标准，构建了一个人工智能技术赋能下全方面分析课堂的结构视角。

4. 应用层

应用层属于整体架构中的最顶层，体现课堂智能分析对一线教学、教研、研究等方面的价值。应用层主要包括教师教学反馈应用、教师教研应用、教育评估与诊断应用、教育研究应用、教育政策应用等。系统将反馈给一线教师与教研员针对性的诊断、评估与建议报告。平台将基于人工智能的课堂诊断分析结果，配对形成针对教师教学的建议，有助于教师根据评估与教学指导建议进行教学反思与教学改进，提升教师专业成长与教学水平。随着人工智能＋课堂分析的深度应用，课堂中的过程性多模态数据转换为可以被解读和理解的课堂证据，将在应用层面实现更多模块。

(三) 课堂智能分析探索实例

如上所述，遵循人工智能的课堂分析架构，研究团队初步构建了课堂智能分析系统，探索其对教学实践与学术研究等多重价值。这里仅以两节课的课堂智能分析作为实例，来阐述该方式的运作，及其实际使用状况和应用效果。

课例来自某中学数学教师"整式的乘法"这一课。该教师分别在两个不同班级进行授课，并对教学设计进行了调整。以下对这两节课简称为"第一次课"和"第二次课"。在教师教研活动中，经常采取同一个教师在不同班级上课的方式，以获得课堂教学反馈，并进行教研研讨，迭代教学设计与实施。

课前做好课堂数据采集准备工作。通过教室内"从后往前"和"从前往后"的摄像设备，采集课堂全过程、无剪辑的视频和音频数据，结合教师可穿戴独立收音设备收集的教师音频数据。通过课堂智能分析架构的数据层、认知层，结合标准层导向，给予教师基于"数据—证据"的反馈报告，促进教师教研与专业提升。

通过课堂语音转文字，进行自动词频统计，结果显示：第一次课出现频率最高的词为"平方"，频次为53；其次是"一下"，作为一个口头语，出现的频次为43；再次是"等于"和"是不是"，分别都是42。从统计的词频可以看出，"平方"是第一次课的重要关键词。第二次课出现频率最高的词还是"平方"，频次为54；其次是"公式"，频次为41；"乘法"，频次为33；其次"是不是"，数量为27。第二次课凸显了"平方""公式"和"乘法"，从关键词上更加聚焦，并且减少了第一次课中过多无关口头语表达的占比。

采取时间序列与语音音色识别，结合教师话语与学生话语的声纹差异，综合一定的图像多模态判定，课堂智能分析能够对课堂时段类型（分别是：教师讲授、师生互动、个人任务、小组活动）进行判定。课堂智能分析得出，第一次课总时长：43分27秒。其中，教师讲授时间30分钟19秒；师生互动时间6分钟32秒；个人任务时间5分钟5秒。第二次课总时长：41分55秒。其中，教师讲授时间24分钟19秒；师生互动时间5分钟2秒；个人任务时间5分钟7秒；小组活动时间6分钟8秒。第二次课，教师有意识地增加了个人任务之后的小组活动安排，促进学生与学生之间的交流与协作。

通过课堂师生互动统计，结合课堂语义分析、课堂话语人音色识别、课堂话语类型识别判定得出，第一次课师生互动时间6分钟32秒，其中教师提问个数153个，语速212.63字/分钟，课堂对话参与人数11人，话语轮次43次；第二次课师生互动时间5分钟2秒，其中教师提问个数76个，语速214.46字/分钟，课堂对话参与人数9人，话语轮次28次。第二次课教师减少了课堂中的提问个数，从153个问题降低到76个问题。

通过为不同类型的话语设定编码规则，采用机器学习的方式，人工智能能够对课堂中的师生对话进行自动分类判断。研究团队对课堂中的提问（I）、回答（R）、反馈（E）进行分水平界定。

整合课堂多模态数据，根据分析架构的标准中所提出的"高品质课堂分析标准"，在九个维度上进行关联拟合数据和参数设定，得出两次课例整体评价。第二次课在维度有学、有效、分配、互动、自主、合作等方面高于第一次课。

通过课堂智能分析，两节课不仅仅停留于视频层面上的记录与比对，而是能够借助人工智能分析技术，从更多维度的数据采集、数据分析、证据

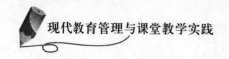

推论展开，并运用相应的模型与分析框架展开比较。与此同时，教师可以通过数据开展基于证据的课堂分析与教研，能够进一步通过数据反馈进行教学反思，找到教学改进与教学变化的证据。

（四）人工智能运用于课堂分析的价值

借助人工智能技术形成对课堂多模态数据的智能化、综合化诊断与评价，将有助于我们进一步发挥课堂促进学生学习的核心作用。从国际发展来看，课堂视频结构化（Video Structuring，简称 VS）是指通过视频处理、目标识别、特征标记等方式提取视频中的信息，根据一定的算法和模式进行整理和组织，形成可供检索的数据。一旦课堂视频或课堂数据被结构化，研究者就可以依据一套特定的分析步骤展开分析。但是，一直以来由于缺乏进一步的技术突破，课堂视频研究也进入了瓶颈。对于我国方兴未艾的课堂教育研究而言，亟须对课堂多模态数据进行结构化的分析，揭秘中国课堂中的学习规律与教学范式。这是人工智能运用于课堂分析的突出优势与价值。课堂的结构化过程不能仅仅依靠人力，还需要人与人工智能共同协作完成。进而，人工智能技术运用于课堂分析将对教学实践产生更广泛的价值。

1. 为学校提供课堂诊断报告，助力学校层面的课程与教学变革

人工智能技术运用于课堂分析能够为学校提供课堂诊断报告，助力学校层面的课程与教学变革，促进适合每个人的教育，给予每一课堂更多个性化的反馈与分析。对于中小学而言，课程改革究竟取得了怎样的成效、需要做哪些改进、未来应如何规划，是很难有全面、深入的证据支撑，往往依据个案的观察或自陈报告分析。而课堂智能分析将为学校提供多模态、全方位、长时段的课堂证据，使得学校层面的课程与教学变革进一步有据可依、有章可循。另一方面，对于教师自身的专业发展而言，目前的主流方式依然是专家型教师对新手教师的"传帮带"，这样的方式主要基于专家的经验，而新手教师主要通过观察和领悟来学习。相反，基于结构化、智能化分析与数据集成，为教师提供有关教学过程、教学素养与教学质量的诊断报告，以"摆证据"的方式指导和支持其专业思考与专业发展，这种智能反馈和诊断方式更具针对性，可以对不同教龄、不同年龄段、不同教学水平、不同学科、不同课堂类型的教师提供多样化分析。

2.为教育行政部门提供课堂诊断报告，推动基于大数据的区域教育管理与发展

人工智能技术运用于课堂分析能够为教育行政部门提供课堂诊断报告，推动基于大数据的区域教育管理与发展。课堂智能分析能够集成诊断数以万计的课堂视频，数据范围涵盖成百上千个学校，可以迅速生成某个区域、地市或省份的课堂质量指数，并辅以详细的诊断报告。基于大数据生成一系列有关课堂质量的常模数据，方便跨地区、跨省市乃至跨国家的比较分析，为教育管理与区域教育发展提供政策依据。

尽管人工智能运用于课堂分析将具备规模化、标准化、个性化等优势，但是教育研究者仍要抱有审慎的态度。一方面，要符合相关的伦理规范，所有数据的采集要在学术伦理规范与尊重隐私的前提下开展。另一方面，也要警惕人工智能技术中存在的技术误差与智能偏见等问题，防止不可解释的部分算法和偏差性数据带来的系统性误判。如何审视课堂，仍然是一个复杂且动态的过程，不要误以为技术可以解决一切问题，真正推动课堂变革的还是教育者的实践、创造与智慧。基于人工智能的课堂分析为教育者揭开了一面"镜子"，让我们更多维度地理解多视角下的课堂，更具可行性地分析大规模的课堂，也让我们更全面地反思课堂研究本身。基于人工智能的新一代课堂分析架构与标准仍需不断迭代与完善。

第三节　基于人工智能的智慧课堂教学模式构建实践

一、智慧课堂教学模式概述

教学模式最早是由美国教育家乔伊斯和威尔提出，根据他们对教学模式的界定以及所提出的教学模式理论，笔者将教学模式的构成因素概括为五个维度，分别是：理论基础、实现条件、智慧教学目标、教学过程和智慧教学评价。下面，笔者将主要围绕这些核心要素进行智慧课堂整体教学框架构建。

智慧课堂教学模式的教学目标有两个：分别是总目标和分目标因此，学生的核心素养的培养不仅需要建立一个良好的课堂环境，还需要教育者（老

师）的悉心栽培和正确引导的；图中的实现条件分为人的因素和环境因素两个方面：其中人的因素主要有专家团队的支持、教师"先行队"的支持以及技术团队的支持；环境因素包括移动终端设备的支持、智慧环境的创建、AI技术的支持和学习资源的辅助。另外，教学过程主要有三个阶段，课前又分为教师和学生，教师则需要精准课标、学情分析和教学设计三个任务，学生则需要通过移动终端完成自主预习和学习任务单；课中包括五步，情境问题、问题探究、建构新知、知识迁移和精准测评；课后教师需要完成对学生的课堂掌握情况通过技术进行数据采集，依据数据分析结果对学生采取精准化辅导和个性化作业。最后，则是智慧教学评价，任何一个模式的实践运用，必须通过评价环节，才能检测其效果，本研究将对研究对象教师和学生采用线上和线下两种手段进行评价。

二、智慧课堂教学模式构建的路径

本节将从智慧课堂的智慧课堂教学目标、教学过程、实现条件和智慧课堂教学评价四个部分进行详细阐述。

（一）智慧教学目标

1. 总目标

银川市西夏区 X 中学以新课改的课程标准为指导，以立德树人为根本任务，以学习、实践、创新为原则，以减轻教师教学压力和学生学业负担为重点，优化课堂教学模式，改变教"教"的方式和学生"学"的方式，在人工智能背景下，基于智慧课堂教学环境；探索适合本校发展教学模式，以此提升课堂教学效率，助推教师专业发展，促进学生智慧生成核心素养的提升。

2. 分目标

（1）提升课堂教学效率

通过智慧课堂和智慧课堂教学模式教学，将线上教学和线下教学有效地结合起来，形成教学互补，将教学中遗忘和忽略的课前和课后两个环节抓起来，对于教师，课前教师通过线上的丰富的备课资源和通过大数据对学生进行学情分析，做到课前心中有数，当面对课中各种教学状况都会应付自如；对于学生，课前通过线上完成教师预习任务单和线下预习，将预习情况反馈至教师，使得教师能够及时调整教学技术。同时，通过技术的互动，提高课堂满意度和活跃度，从而实现课堂教学效率的提升。

(2) 促进教师专业发展

基于智慧课堂教学模式的构建和行动研究，对全校教师分阶段、分层次、分年龄段分别组织信息技术应用能力培训学习，并通过课堂实践、观课评课、测评考核三个抓手同步推进，使得教师的专业发展不在只是纸上谈兵。

(3) 发展学生的核心素养

通过智慧课堂教学模式的实施，使得技术与课堂的达到深度融合的状态，帮助学校优化课堂教学模式，改变教师"教"的方式和学生"学"的方式，把学生从繁重的学习任务中解脱出来，注重培养学生的搜集和处理信息的能力、分析和解决问题的能力、合作交流的能力以及创新意识和实践能力，从而实现学生核心素养的提升。

(二) 智慧教学过程

在实际教学过程中，要求教师要有目的、有计划地，引导和帮助学生进行学习。基于此，本研究结合本校教学地实际情况，构建了"三段五步"教学模式，其中，"三段"是指课前、课中、课后三个实施阶段；"五步"是指课中教学的五个步骤，分别是：情境问题、问题探究、建构新知、知识迁移、精准测评。

1. "三段"

"三段"是指教学过程中的课前、课中、课后三个准备及实施阶段。

课前，教师课标精准分析和学情分析，明确学习目标和思维培养目标和以以目标导向的教学设计；学生完胜学习任务单。

课中以"五步"教学法，情境问题、问题探究、建构新知、知识迁移、精准测评开展教学，关注学生思维的培养和课堂互动。

课后分三步走：首先，通过微测评收集学生的数据；其次，通过智学网平台的数据分析，对学生进行针对性课程辅导；最后，通过平台实施个性化作业布置。

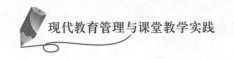

在实际教学实施过程中，教师可根据自己所教学科，年级以及班级学生的实际情况，可对课前、课中、课后的分内容进行适当调整、增减，力求教学"三段"有效实施，提高课堂"教"与"学"的效率。

2. "五步"

"五步"分为情境问题、问题探究、建构新知、知识迁移、精准测评五个环节。

①情境问题是指课前导入过程中，教师以与学生所学的知识背景、生活环境相关的话题，视频，音频等导入，旨在能够提起学生兴趣的，利于学生提出问题并通过自主探究的活动学习知识的"学习情境"。

实施目的：一是激发学生学习动机，二是使学生在已有的旧知识和原有的生活经验基础上，在学生心理上，使得新的知识与旧知识或新的知识与新的情境产生冲突和矛盾，从而引发学生深入思考，进入课堂学习。

教学实施：教师可通过慧课堂平台的功能进行课堂教学，并通过教师端和学生端的平板进行课堂互动，提高学生课堂的积极性和活跃度，也可运用思维导图、八大图示、概念图。

②问题探究是指教学工作者为了实现一定的教学任务，在教师的引导下，学生可以以小组为单位，围绕一个中心问题，通过分析讨论或互相辩论，交流意见和个人看法，互相学习，彼此合作，最终达成共识的过程，目的是达到激发思维碰撞，以此产生思想火花，达到获得知识或巩固知识的目的。

实施目的：使问题更细化，隐性思维显性化教学实施：教师在教学过程中，可通过提问题、讲故事或很好运用思维工具（思维导图、八大图示、概念图等工具）进行引导，引发学生进行更深层次的讨论，使学生的隐性思维逐步显性化。

③建构新知是指学生经过问题探究，将自己的隐性思维逐步显性化，教师通过对新的知识进行系统化讲解，帮助和引导学生主动构建知识体系，让学生在自主构建过程中发现新知识与旧知识的结合点，充分调动学生大脑中的认知冲突或矛盾，以此通过原有的旧知识的回顾推动新知识的学习和理解。

教学实施：教师可通过问题引导，思维工具组织学生进行小组合作讨论，培养学生的合作能力和批判性思维，在不断批判与讨论中建构新知，使学生形成整体认知结构。

④知识迁移标准定义是一种学习对另一种学习的影响。换句话说，是指学习者在学习的过程中，新知识的学习都是建立在学习者对自己脑海中已有的知识经验、自身的认知结构和学习者已获得的动作技能等的基础上发生的。

实施目的：应用辨析、梳理形成、高阶元认知

教学实施：教师可通过口头提问，课后练习题、举一反三等其他方式，从而使得学生掌握知识技能，过程与方法的基础上，进一步实现知识的迁移和巩固，实现情感态度价值观的升华。

⑤精准测评通过信息技术，智慧平台等手段，对学生的课堂知识学习情况和掌握情况进行实时测评和精准大数据分析，并实时地向学生展示自己的学习情况及时反馈，教师也可以针对可视化的数据分析结果，在课后对学生实施更精准作业和个性化的辅导。

实施目的：目标达成监测、数据精准分析、借助平台推送同类高频错题

教学实施：将学生任务单与智学网平台结合，在人机协作中，对学生进行数据"画像"，从而进行个性化指导和作业分层布置。

(三) 实现条件

1. 环境因素

(1) 移动终端

当前教育界对智慧课堂概念的界定有很多，本研究主要倾向于智慧课堂平台技术以及手机终端支持的智慧课堂的研究。移动终端主要是生活常用且常见的一些电子产品设备，比如：智手机、平板电脑，Ipad 等。本次研究中主要用到的移动终端是智能手机、教师端和学生端平板电脑。移动指端主要有实时性、移动性、存储性、可随身携带性等多种特性。随着 5G 技术的出现和发展，移动终端已经成为人们共组、生活和学习中必不可少的一种学习和通信工具，也渐渐地成为人们日常学习和生活的一种普遍模式。由于移动终端能够支持学习者在任何时间、任何地点进行自主学习，没有时间和地点的限制，越来越多的各类移动学习设备的在市场上出现，并逐渐被应用到

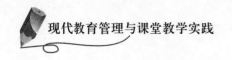

不同的教学环境中。因此，在，将来在教育领域有智能移动终端将有着不可估量的用途，笔者总结为以下四个方面：

①信息查询功能

以往，教师、学生在学习的过程中，当遇到问题和需要上网查询的知识点时，或者需要借助网络才能完成的作业时，必须运用电脑才可以实现此操作，但是，当智能手机普及，5G 时代的到来，智能手相比更加方便。

②教育应用类

现在，手机上关于教育类的各种 App 多种多样，比如：学习考试类（星火英语）、语言学习类（百词斩）、家庭作业布置类（作业帮）、班级管理类（云班课）、阅读类（微信读书）、视频学习类（在线课堂）、资料存储类（百度云）等，这些应用涉及面广泛，能够满足不同掌握程度的学习者，以及不同环境学生的学习需求，学习者可以根据自身的需求和实际情况自由的选择学习内容，学习时间，学习场所以及自主把控学习内容的难易程度。

③拍照篇、录音功能

对于教师来说，在课堂中授课教师可以通过手机上的 App 将整节课的教学过程全部录下来并上传至平台，同时，教研组教师、学校其他老师可以通过手机平台随时随地对授课教师进行实时课堂评价，而且相关学科的教学专家可以对该教师的教学过程进行点评和指导等。更重要的是，智能手机平台可以对评课老师以及专家的点评进行数据收集、分析和"画像"，从而形成教师个人成长轨迹，有迹可循，有助于促进教师个人专业发展；对于学生来说，可以通过智能手机将教师讲的重点、要点拍下来，课后再辅助补充课堂笔记，既可以避免做笔记遗漏老师讲课内容，又可以不因为老师讲得快而不能做笔记的问题。

④阅读观看功能

学习者可以通过手机阅读相关学习资料，观看则是观看教师制作的优秀微课、全国各地优秀教师的公开课、课外知识等视频材料，学习者可以将一些碎片时间有效地利用起来，比如：利用排队时间、等车时间、上厕所等碎片时间有效地利用起来。

（2）智慧环境

智慧教室提供全场景的教学方法应用，是基于一个动态信息数据进行分析，运用的新型课堂教学设计形态，体现了人与技术、环境融为一体的特征，形成了一个更具特色的智慧教室和一个完整的教学管理体系。一方面，是技术的应用的结果，体现了新一代信息技术的应用特点，离不开技术的支持系统；另一方面，它是在课堂技术的支持进行的变革与创新，式技术性能和教学形式相互整合的课堂教学的新型教学结构，教学形态，形成了由系统（云—网—端）、人（教学者和学习者）及活动等组成的新型信息化课堂教学体系。

教师终端套装包括教师智能终端、分组教学、互动教学、互动报告以及课堂分享等功能。其中分组教学功能是教师在完成班级名单分组后按小组的形式发起互动，客观题可查看小组的查看正确率对比信息，包括班级平均正确率与小组正确率信息。主观题可按小组查看组员的答题信息，促进不同小组之间的良性竞争性，帮助教师营造活跃的课堂氛围。同时，小组成员之间可以实现屏幕共享，教师指定的小组长可以将屏幕共享至其他小组成员，实现小组同看一屏。

学生终端是学生在课堂内、外学习活动的数据采集端，以及展现课前预习、课中交互和课后学习应用的硬件终端，通常可使用搭载智慧教室学生端软件的触摸式平板，作为学生学习数据的入口，构建学生与云服务、教师终端的数据通道，重构学生的学习流程。为保护智慧教室学生终端使用安全，打造绿色的学习环境，可在课堂内一键管控锁定学生终端，智慧教室建UGC内容监管服务，维护课堂教学过程中的合理使用，同时，课堂外管理员能够灵活管理第三方应用上下架、网络白名单设置以及学生终端使用时间，便于学校统一管控。

（3）移动听评课

智慧课堂教学模式的实现主要是依赖智慧技术的支持，这里的智慧学习技术指的是人工智能、大数据、云计算，云存储等。

在日常教学过程中会产生大量的学习数据，原有课堂和数字课堂由于技术的原因，无法捕捉这些学习轨迹。如今在人工智能、大数据技术的支持下，移动听评课系统借助智能移动终端，能够随时捕捉师生教学过程中所产生的数据，并将其可视化，这些数据能够帮助教师分析学生学习情况，并做出教学决策，提高教学效果。

移动听评课系统就是基于大数据、人工智能的支持，是学习通 App 上的一个功能模块，该系统同时具有线上开课和手机评课这两个模块，在手机评课结束后通过移动听评课后台进行大数据分析，进而统计出教师的行为数据，进行记录并及时发送至授课教师的账号，此系统是基于数据采集、智能测评、问题诊断、协同教研形成教师个人"画像"，最终形成有效的教师专业发展路径与通道授课教师计入数据统计界面，可以查看到教师在授课过程中评课教师发送的弹幕以及评课教师基于六个维度的评课数据，通过一段时间常态化听评课数据的积累，教师会看到自己在这一段时间内专业成长变化，通过大数据方式，促进教师在教学中的积极发展。

（4）智慧教学资源

智慧课堂系统提供 K12 阶段主流教材版本的电子课本，旨在为教师提供高效实用、便捷易用的电子课本备授课平台。体系化教学资源是通过与多家国内出版社、资源厂商合作，提供与主流教材版本相配套的优质资源，包含课件、教案、视频、音频、H5 交互练习、动画、习题、图片等多种类型。解决老师资源难找、难下载、难应用，课件制作素材难寻，思路不清，难以互动；形式不生动，缺少吸引力等一系列问题。

2. 人的因素

（1）专家团队支撑

学校可以邀请大学教授、教育专家，以及其他智慧课堂模式开展优秀的学校校长、教师等专业人员来校指导，包括对智慧课堂开展的顶层设计指导，智慧课堂教学过程的观摩评价等。从而，在专家团队进校的支撑下，智慧课堂教学能够得到质的提升。

（2）教师"先行队"

由于学校智慧课堂教学模式还在初期、摸索、试行阶段，学校选取 12名教师并成立了教师"先行队"。同时，为了保证本次研究客观性、真实性，随机选取任教不同学科的男教师 6 名，女教师 6 名，选取的学科有语文、数学、英语、政治、生物、地理共 6 门学科，同时具有文科和理科学科。选取的 12 名教师的教龄以年轻教师为主，具有 1—5 年教龄的教师 6 名，5—10年教龄、10—20 年教龄、20 年以上教龄各有 2 名教师。选取教师的学历有10 人为本科学历，其中 2 人为硕士学历。

（3）技术团队支撑

为了保障智慧课堂顺利实施和有序开展，学校要求企业技术专业人员，与学校信息技术教师共同组成智慧课堂开展技术支撑团队，解决课前，课后，课堂教学中教师、学生遇到的一切有关技术的问题，并给予及时技术指导和问题化解。

（四）智慧教学评价

智慧教学评价是指对教学过程和教学结果上进行的诊断，便于教师及时地调整自己的教学计划和教学方式，对学生的阶段性学习情况进行实时检验和测评，方便学生更好地了解自己的阶段学生情况，并及时进行调整和更改。之所以要进行教学评价，不仅是评价教学者的教"教"，而且是评价学习者的"学"的价值的过程。智慧教学评价分为两种，一种是针对教师的"教"实施的线上评价；一种是针对教师的"教"的和学生的"学"的实施的线下评价。

1. 对教师的评价

对教师教学工作的评价是通过线上评价和线下评价相结合的方式进行评价。对教师的线上评价是指通过移动终端的移动听评课系统实施的评价，移动听评课系统的"4+2"评价模式是华东师范大学研究团队经过专家研讨、课例验证、多所学校调研试用和经过反复修订的一套评价模式。其含义是："4"是平台自由的四个一级的基本指标，分别是：教学设计、教学实施、教学效果、教师素质；"2"是由教师自己在开课或是录课时，供教师自主选择的两个特色指标；每个特色指标下设有 9 个一级评价指标，分别是：讲授启发、总结提升、技能训练、实验操作、交流互动、探究建构、评价反馈、模式创新和技术整合，而且每个一级指标又有具体的二级评价指标。

对教师的线下评价指的是采用智慧课堂线下教师测评体系表，在实体课堂上授课教师进行教学过程中由听课组教师对授课教师进行实时评价并依据评价表进行打分而进行的评价。智慧课堂线下教师测评体系表是依据《中小学教师信息技术应用能力发展测评规范》，该规范是教育部科技司于 2018—2019 年制定的其评价内容主要包括：教师利用信息技术进行学情分析、教学设计、学法指导和学业评价等 30 项。其中，智慧学习环境的评价主要从三个维度七种微能力来进行测评的，每一项指标都有更加颗粒化的评价维度，以及给出了教师应该如何做的参考意见，笔者与银川市西夏区 X 中学根据学校软、硬件实际情况以及在校教师、学生的实际情况在中学教师信息技术应用能力发展测评规范的基础，结合学校教室智慧环境制定适合本校教师专业发展的智慧环境下教师专业发展测评体系表4-1。

表4-1 智慧课堂线下教师测评体系表

所属环境	一级指标	二级指标
智慧环境	学情分析	技术支持的学情分析
	教学设计	资源的获取与评价
	课堂教学	技术支持的课堂讲授
	课堂教学	技术支持的课堂互动
	学业评价	基于数据的个性化指导
	学业评价	基于数据的针对性评价

2. 对学生的评价

在人工智能背景下，随着教学模式向多样化、现代化以及向重学生"学"的方向转变，教学评价也应该向多元化转变。学校如果想要真正体现学生的主体地位、实现以人为本，促进学生全面发展的方向转变，教师就必须改革以往单一的教学评价方式。学校以往对于学生的学习评价主要还是采取形成性评价和总结性评价二者相结合的形式进行，存在评价延迟和不准的现象。与单一的教学评价相比，智慧课堂教学模式采用了多元评价的方法，即评价主体更加多元化、评价方式更加多样化、评价内容更加多样化，充分发挥其激励和导向功能。

对学生学习效果的评价，按照评价主体，分为教师评价、学生互评以及学生的自我评价三者相结合，来形成一名学生的最终评价结果；依据评价在教学中发挥的作用不同，分为诊断性评价、过程性评价和总结性评价；评价内容主要涉及以下七个方面：知识掌握情况、自主探究能力、合作能力、问题探究能力、信息整合能力、自主学习能力和问题解决能力。

第五章　人工智能助推课堂教学创新实践

第一节　人工智能赋能新型课堂教学

一、新型课堂概述

课堂教学是学校教育的核心环节，是人才培养的主阵地，课堂教学质量直接关系着教育现代化发展和高素质创新型人才队伍的建设。中共中央、国务院出台《关于深化教育教学改革全面提高义务教育质量的意见》，要求强化课堂主阵地作用，融合运用现代技术手段，发展互动式、启发式、探究式新型教学方式，切实提高课堂教学质量。互动式（Interactive）、启发式（Heuristic）、探究式（Inquiry）课堂教学，即 IHI 课堂教学是新型课堂教学的重要体现。与讲授式、灌输式教学方式相比，新型教学方式以建构主义为理论支撑，与新时期基础教育发展方向和人才培养目标具有高度适切性，在调动学生参与积极性、增进深度理解、促进高阶思维培养和提升创新能力方面具有极大的先进性[①]。

与此同时，推动课堂教学转型，发展优质高效的新型课堂教学方式也更具有挑战。由于课堂互动涉及多元主体，课堂中的知识探究与建构过程更为复杂，思维进阶与认知演化规律具有内隐性，依靠研究方法难以对课堂教学过程进行有效分析和精准评价，也难以为新型课堂教学建设提供有力的数据支撑，因此亟须发展新的研究方法和技术手段。人工智能技术能够有效学习数据的内在规律，挖掘因果链条、行为动机和思维认知等，在自然语言处理、声音识别和图像解析方面具有极大的优势，并且逐渐在教育教学的研究和应用中释放其技术潜能。智能技术可以对教学过程进行全方位智能感知与高度还原，有助于破解师生互动的内在机理，对课堂教学中体现的高阶思

---

① 钟启泉 . 学力目标与课堂转型——试析"新课程改革"的认知心理学依据 [J]. 全球教育展望，2021（7）：1531.

维、认知能力等关键特征进行智能模拟和有效提取，有助于揭示复杂的思维链条搭建过程、知识建构过程和问题探究过程，也可以对新型教学模式进行精准化和科学化的数字表征，这些功能对于创建优质高效的新型课堂具有极大的价值。

二、IHI 课堂教学何以是新型课堂教学的重要体现

（一）IHI 课堂教学内涵解读

IHI 课堂教学是由互动式、启发式和探究式教学组成的，理解 IHI 课堂教学的内涵需要对其组成成分进行剖析。互动式教学是教师围绕课堂教学目标，通过调动教学资源和借助信息技术等手段，与学生协同交流、讨论和探究的过程。维果茨基（L.Vygotsky）指出，个体通过互动交流和语言沟通试图对客观世界进行研究和探索，将社会文化要素加以内化，形成自身认知的一部分，从而实现从心智间到心智内过渡的过程。在课堂中，通过教师的激发和引导，拥有不同观点的学生在交互作用过程中可以实现思维的相互碰撞或者相互印证，引发自身的思考与反思，促进知识探究和意义建构，实现从个体表达到集体智慧再反馈回个体认知的良性循环。启发式教学强调在教学过程中采用多种方式调动学生的学习主动性和积极性，以启发学生的思维为核心，促进高阶思维的培养[①]。启发式教学既强调教师的引导作用，即"启"，又要调动学生的参与积极性，强调学生在课堂教学中的主体地位，即"发"；教师通过高质量的提问达到启发学生思考的效果。优秀的问题设计可以引发认知冲突，激发思维发展的潜能，对于分析思维、迁移运用思维的培养具有重要作用。探究式教学强调使用适宜的教学手段来创设与学习对象相关的学习情境，引导学生主动参与到发现问题、寻找答案的过程中，以培养学生创新能力和问题解决能力[②]。情境创设在问题探究过程中发挥了重要作用，通过虚拟现实、物联网等信息技术的加持，教学和学习情境更加贴合生活、更具有实际意义。经历发现问题、提出问题、分析问题并创造性地解决问题这

---

① 邵发仙，胡卫平，张晓，张艳红，首新 . 课堂论证话语的序贯分析：小学生的科学推理 [J]. 华东师范大学学报（教育科学版），2019（6）：4860.
② 赵德成 . 到底还要不要继续推动探究式教学 [J]. 课程·教材·教法，2015（7）：4146.

一系列过程，学生的认知能力和综合素养将得到良好发展。课堂对话是 IHI 课堂教学的主要载体和表现形式，对话的有效性直接关系着新型课堂教学的质量与水平。课堂教学从根本上说是一种对话实践的过程。师生对话与互动式、启发式和探究式三种教学的开展都具有紧密的关系，是实施课堂互动交流的核心手段，是引导思考、探究问题的主要抓手，也承载着启发思维的重要功能。

综上，互动式、启发式、探究式教学共同建构了新型课堂的重要内涵维度，三者形成了一个有机的整体，通过师生有效互动和交流，促进学生思考并启发思维，进而实现协同探究、问题解决和能力提升的目的。整合三种教学方式有助于达到 1+1+1 ＞ 3 的效果，以适应教育教学高质量发展和新时期人才培养的需要。

(二) 理论适切性: IHI 课堂教学以建构主义理论为主要依据

讲授式教学以行为主义理论为依据，该理论认为知识是由碎片化的信息拼接而成，课堂教学可以按照事先制定的步骤按部就班地将知识从教师单向灌输给学生，其教学过程遵循行为主义的"刺激—反应"原则，通过不断强化得到预期的教学效果。与此相对比，IHI 课堂教学以建构主义理论为支撑，该理论对全球范围内的教育教学改革产生了深远的影响[1]。建构主义对 IHI 课堂教学的支撑作用主要表现在以下三方面。第一，建构主义学派认为知识是由主体在相互交流和合作的过程中建构生成的，教师和学生都是课堂教学的积极参与者和建构者，知识和信息在主体之间交互传递。教与学围绕"锚"，即有意义的问题展开，引发学生思考，通过对话表达、生成、丰富并深化对问题的理解。这为 IHI 教学方式中的互动式教学提供了依据。第二，建构主义学派认为学生的认知发展具有极大的可塑性，教学不应消极地适应学生已有的智力水平，教师可以通过搭建"脚手架"的方式为学生的学习和认知发展提供有效支撑，积极创造最近发展区，拓展学生的思维潜力，促进高阶思维的培养。

这为 IHI 课堂教学中的启发式教学的实施提供了支撑。第三，建构主义强调教学情境的重要性，学习应以解决在现实生活中遇到的问题为目标，教

---

① 钟启泉 . 课堂转型 [M]. 上海：华东师范大学出版社，2017：3342.

师应创造条件支持学生自主探索。其中，随机通达教学理念认为不应抽象地让学生记住知识，而应将知识与具体情境联系起来，这有助于深度理解，在情境中探索问题的解决方法，并能广泛而灵活地迁移运用，提高实践能力和创新能力。这为 IHI 课堂教学中探究式教学的纳入提供了依据。

（三）目标先导性：IHI 课堂教学以思维发展和创新人才培养为主要目的

讲授式课堂教学适用于基础知识和基本技能的学习，其兴起很大程度上是适应了大规模、标准化的工业社会人才培养模式的需要，但是难以与经济社会快速发展形势下创新型人才培养的目标相匹配。OECD 启动 "教育 2030：未来的教育与技能" 项目，提出了在技术变革时代对课堂教学和人才培养的要求，高度重视通过探究的方式建构知识和增进理解，创建以包容性、公平性、互动性、关怀性以及智力成就为特征的课堂教学，鼓励师生合作，重视课堂对话，提高学生的参与度，促进深入理解、思维发展和认知能力的提升。中国在结合国情基础上相继出台了《关于深化教育教学改革全面提高义务教育质量的意见》等政策文件，凸显了教育高质量发展的需求，要求发展新型课堂教学方式，在教育教学过程中强化思维发展，着重提升学生的创新能力。发展互动式、启发式、探究式教学，推动新型课堂教学发展，与新时期基础教育高质量发展要求和创新人才培养的目标具有极大的契合性。

创建优质的新型课堂有助于实现学生高阶思维发展和创新能力提升的目的。高阶思维需要在课堂教学中得以训练和发展，是新型课堂教学的重要目标指向。IHI 课堂教学强调发挥学生主观能动性，学生在群体合作中协商讨论、交流观点、解决问题，交流沟通的过程也是思维共享的过程。新型课堂教学承担着 "知识内化" 和 "思维外化" 的双重作用。对话交流过程能够将客观世界以及社会文化的影响纳入主观世界和认知发展，语言作为人类高级认知的符号工具，是将互动的符号产物转化为心理产物的桥梁，是教学情境作用于学生个体心智发展的最主要媒介。与此同时，师生通过对话也能将隐性的思维过程展现给他人，传递信息、清晰思考并加深理解，在陈述、解释、论证、分析等语言沟通中协同建构知识，从浅层次信息的获取转向深层次、创新性的探究和解决问题。IHI 课堂教学为高阶思维的发展提供了场域和条件，高质量的问题和反馈对于启发思维具有积极作用，通过精心设计的问题链条搭建思维发展的链条，体现了思维由低水平向高水平进阶的过程，使得信息得到精细加工、有效转化和创新应用。高质量的课堂互动与探究还能够加深学生对知识的理解，促进个人观点的开放式表达，增强对问题的阐释和分析，有助于其系统性、综合性地处理复杂信息以及创新性地提出解决方案，提升创新能力。因此，IHI 课堂教学是新型教育教学理念的集中体现，对促进课堂变革和先进教育目标的落实具有重要价值。

三、人工智能赋能新型课堂教学发展的策略

笔者认为，提升人工智能技术的有效性、赋能新型课堂教学发展可以从以下三方面着眼。

(一) 人工智能助力实现课堂教学全过程监测

讲授式课堂教学注重对学生学业成绩进行结果监测，在数据采集方面，多依赖于报送式数据采集方式。报送式数据采集是指由政府或专业人员发起，按照一定需求和目标编制问卷和表格，进而组织学生、教师等相关人员填写并报送数据的方式。与之相对比，新型课堂教学更加重视对教与学的过程进行评价，强调学生思维的成长性和能力的发展性，人工智能技术能够对教学过程中所产生的伴生性数据进行全方位自动采集，满足课堂教学全过程监测的需要[①]。依托语音识别、自然语言处理、计算机视觉等人工智能技术，智能教育环境具备智能感知和交互能力；随着智能录播设备、可穿戴设备、可交互白板的普及，课堂教学数据的采集实现了伴随式、自动化和多模态，教学过程中的言语和交流过程可以被清晰采集，通过面部表情识别、手势动作识别等技术，可以反映教师和学生的心理状态、专注力、压力指数等情况，对师生互动交流过程和知识探究过程进行翔实记录，展现问题链条的搭建过程，进而呈现其内隐的认知特征和思维特征。

(二) 人工智能助力掌握课堂教学深层规律

课堂教学分析多借助问卷调查、定量统计手段进行静态化的数据分析，

---

① 孙众，吕恺悦，施智平，等.TESTII 框架：人工智能支持课堂教学分析的发展走向 [J]. 电化教育研究，2021(2): 3339.

难以对复杂多变的新型课堂教学模式进行提炼，难以掌握课堂教学的过程性规律。人工智能技术能够对课堂教学言语和行为进行细粒度的特征识别，其中，基于机器学习的自动标注技术是提取课堂教学核心特征的关键步骤。与人工编码相比，机器标注在规模化分析和数据处理效率上都具有较大优势，能够发现课堂互动过程中内隐的知识建构、思维发展、能力提升等反映课堂教学质量的关键特征。人工智能技术能够对多场景、多类型的新型课堂教学样态进行数字化表征和模式建构，对课堂教学生态系统进行完整解构，呈现探究式教学中各构成要素之间的交互作用模式，挖掘启发式教学的思维演进规律，对新型课堂教学中的顺承关系、因果关系等关系模式进行数字化表征，在更深层次上实现课堂教学过程可计算，有助于掌握课堂教学深层规律和提炼优质课堂教学模式，为推广新型课堂教学的先进经验和创建高效课堂提供了有力支撑。

（三）人工智能促进课堂教学精准评价

讲授式课堂教学往往对教授内容、考评范围具有严格规定，而新型课堂教学内容更为丰富、教学手段和课型种类更为多样、教学评价目标更为多元。如何应对多场景、多元化的课堂教学评价需求，为教育质量监测提供更加精准的数据依据成为亟待解决的问题。以神经网络为代表的智能技术为评价课堂教学质量提供了有效手段。神经网络技术是一种通过模拟生物神经系统结构与功能处理复杂任务的数学计算模型，由具有适应性的简单单元组成广泛并行互连的网络结构，被广泛应用于人工智能和深度学习领域[1]。其中，图神经网络等技术的应用在提取关系、空间结构等数据潜在特征方面具有较大优势，有助于捕获动态图拓扑结构特征信息，提取新型课堂教学的模式特征信息，使得课堂教学评价模型可以动态迭代和渐进重构，有助于呈现多种样态的课堂教学质量水平。因此，人工智能技术为实现课堂教学精准评价提供了可能，助力教师准确把握教情并作出合理决策，为教师的遴选和考评工作提供科学依据，为新时期教育质量监测工作提供了有效工具。

---

① 陈恩红，刘淇，王士进，等．面向智能教育的自适应学习关键技术与应用 [J]．智能系统学报，2021（5）：886898.

第二节　人工智能助推课堂教学创新的路径

近年来，随着人工智能技术的大力发展及其在教育领域的深入应用，对教育教学产生了深远影响。为了推动教师利用智能技术更好地开展教学，2018年8月，教育部颁布了《关于开展人工智能助推教师队伍建设行动试点工作的通知》，明确强调了人工智能创新教学，对教师队伍建设具有重要作用，并把宁夏设立为开展人工智能助推教师队伍建设行动试点工作的省份。试点的目标是探索管理优化、课堂教学创新等。宁夏作为人工智能助推教师队伍建设行动试点省（区），就如何实现"课堂教学创新"建设目标进行了大量探索和实践。课堂教学作为学校教学的主阵地，探索人工智能如何助推课堂教学创新是一个非常值得研究的课题。

西夏区的7所学校被选为人工智能试点校。各个人工智能试点校都确立了各自的试点校建设目标，例如以特色课程建设为载体，借助AI人工智能技术，助推教师专业发展；通过人工智能技术实现学习方式和教育教学模式创新；全面提升师生们的人工智能素养等。在西夏区的七所人工智能试点校中，本节选取智能教学设备配备最为先进的A，B，C三所学校开展研究，探索人工智能助推课堂教学创新的路径。

一、教师：教学方法多样，教学反馈及时、形式多元

三所学校中的三种智能教学设备为教师提供了更为先进的教学手段，教师借助智能教学可以运用更为丰富的教学方法开展教学。本研究中研究综述中梳理出教学反馈主要包含教学评价和教学管理层两个方面。综上所述，教师部分从教学方法、教学评价、教学管理三个方面解读人工智能助推课堂教学创新的路径。

（一）教学方法

2017年7月国务院颁布的《新一代人工智能发展规划》中提出要利用智能技术促进教学方法改革。在原有教学方法的基础上，教师借助人工智能教学设备可以有更加多样的教学方法。A学校WISROOM智慧课堂中，AI外

教和线下老师相互配合，采用游戏化教学法、演示法、情境教学法等多种教学方法，引导学生积极地融入课堂教学活动中来；此外，人工智能技术支持下，便于更好地开展个性化教学，使教学更具针对性。在 B，C 两所学校中，教师利用智能批改功能，实时掌握班级内学生学情数据。针对知识掌握情况较弱的学生，教师在课上或课下，给予针对性的教学指导，从而开展分层教学。

(二) 教学管理

人工智能依据动态的学习过程数据，分析计算学生学情，从而为教学管理提供支持。教师可以利用学生手中交互设备的反馈，对学生的学情和纪律进行针对性的管理。在 B，C 两所学校，在课堂教学结束后，教师可以在系统后台查看以柱形图、雷达图、扇形图等多维图表呈现的学生答题正确率，抢答次数等课堂教学分析报告。教师依据分析报告，开展基于数据分析的教学管理决策。

(三) 教学评价

人工智能在教学评价中的介入是在对学生各个阶段学习产生的个人数据进行收集分析的基础上进行的及时反馈评价。人工智能在助推教师的教学评价方面，主要体现在以下三个方面。

第一，提高评价的准确性，减轻了教师的负担。例如三所学校智能教学设备包含的智能批改，智能口语测评等功能，准确判读学生发音、作答等情况，给予实时数据反馈，提高了评价的精准度；第二，评价方式更为多样。在 A 学校，AI 外教和线下老师在智能评价的基础上，又结合了口头表扬、奖励学生小红花等鼓励性评价。对学生活动表现进行激励评价，激发学生的学习动机。第三，评价主体更为多元。在 C 学校，学生或小组对其他学生或小组的作品，通过发送弹幕至评论区、点赞支持等评价方式，形成了学生间、小组间的评价。

教师对学生作品讲评实现了师生评价。人工智能教学设备通过语音识别、智能批改等技术，实现了智能设备对学生的评价。生生互评、师生互评、生机评价等评价方式，使得评价主体更为多元化。

二、学生：数据伴随式记录、学生自主学习能力增强

人工智能通过伴随式采集学生学习过程、结果数据等方式辅助教师调整教学。学生可以充分利用智能学习设备，可以随时找到自己需要的学习资源（微课、文本、视频等）进行自主学习。

第一，学生学习数据伴随式收集。智能教学设备实时采集学生书写、答题等课堂数据，全程记录学生的解题过程或答题结果，实时反馈。B 学校纸笔课堂，利用智能手写识别技术在保留学生纸笔书写习惯的同时，实时采集学生作答数学题的笔迹轨迹，将学生的书写过程实时呈现在大屏幕上。在学生作答完毕后，学生答题过程还可以以视频形式回放，方便教师分析学生的解答过程，从而做出针对性的讲评。

第二，人工智能技术支持下，学生自主选择学习内容进行学习。在 C 学校，学生利用智能平板，在课前和课后的时间，可以自主查找语文课中所学的生字词和句子方面的视频、图片资源，进行复习或预习，利于学生更好地学习和巩固知识。

三、教学资源：生成性资源增多，精准个性化资源组织

人工智能通过对学习者行为精准数据挖掘，对教学资源产生了重大影响。人工智能对教学资源的变革主要体现在生成性资源、组织方式两个方面。

第一，在人工智能技术支持下，生成性教学资源更为丰富。在三所学校，教师在借助智能教学设备教学过程中，开展小组合作教学，学生通过讨论、交流等方式，产生了新的想法、做法，产生了交互性生成资源。B 学校的智能手写板，C 学校智能平板将积累大量过程性生成资源实时存储，如课程作业、电子错题本、学习作品等。第二，以资源组织来说，会把符合学生状况的个性化教学资源迅速发放至学习终端。对于学生具体的知识薄弱点，对应地推送相应的习题、视频等教学资源。在 C 学校，对于生字词没掌握好的同学，教师利用智能平板向这些学生推送对应字词方面的习题、视频等教学资源，让学生有针对性的弥补知识的薄弱点。

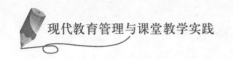

四、教学组织形式：智能技术支持下的教学组织形式更为丰富

人工智能技术支持下自主学习、小组讨论、人机协同等多种教师组织形式会得以不断应用。在 A 学校，WISROOM 智慧课堂中的 AI 外教借助语音识别功能，组织学生以游戏的方式，分组朗读单词。通过分组教学让学生在做游戏的同时，练习了口语的发音。在 B 学校，在手写识别等智能技术支持下，教师结合纸笔课堂的学生书写内容屏幕展示、抢答功能来开展小组合作、探究教学。

五、教学环境：贴近生活情境，交互式互动更为便捷

在人工智能技术支持下，教学环境会呈现生活化的趋势，更加符合学生认知特点。例如在 A 学校，WISROOM 智慧课堂提供有生活物品、游戏场景等卡通教学环境，贴近学生周围所处日常生活环境，吸引学生的注意力，给学生创造了丰富的课堂体验；三所学校中的三种人工智能教学设备，为师生配备了可以实时交互的便携式交互工具，营造了师生互动式的教学环境。学生利用智能学习设备中的抢答、弹幕、空间留言等功能与教师开展互动，教师则用随机提问、个性化资源推送等形式和学生开展互动。

第三节　人工智能助推课堂教学创新提升策略

一、及时调查师生的动态人工智能教学需求，开发有针对性的智能技术及服务

需求分析是人工智能教学设备研发的出发点。随着人工智能的不断发展，教师希望在教学中得到人工智能技术更多的支持与帮助。从企业层面来说，要高度重视师生对人工智能的需求，并在设备开发过程中以师生的教学需求为抓手，帮助师生更容易地接受新技术并融入教学。具体给出如下两点策略：

（一）学校加强与各方力量的沟通

各个学校要积极加强与教学设备生产企业进行积极沟通，使企业了解

学校的全面情况，从而根据学校实际情况为学校提供相适宜的教学设备。

在设备配备过程中，企业需根据学校班额来配备智能教学设备。在设备配备完成后，也要注重对学校设备的维护工作，保障学校能够顺利利用智能设备开展教学；此外，学校可积极借助教育部门的力量，通过与上级教育部门的沟通。上级部门在了解学校的基本情况后，可根据学校内实际教学班级数量下拨资金配备智能教学设备及设备维护专项资金。学校内部可加强学校网络设施的建设，为智能设备的运行提供保障。相关的教育部门应针对学校信息化经费出现的情况提出解决对策；学校在实行人工智能助推课堂教学创新过程中，还可借助学校的力量，寻求北京师范大学、华中师范大学等国内知名教育类学校的专家支持团队的帮助与支持。让学校专家组为人工智能助推课堂教学创新的进一步的发展提出针对性的建议。

(二) 企业针对师生需求，整合、开发针对性的智能技术及服务

企业应根据师生的使用效果及教师的反馈情况，对智能设备平台功能进行更新。尽管智能批改功能已经能够迅速反馈学生客观题的学习状况，但还不能够对主观题目有准确的评价，针对此类问题，企业需要不断调适、改进智能设备平台，研发类似智学网等关于主观题评测系统，来优化学生的评价。企业可积极考虑教师的意见，对任课教师在课堂教学中发现的智能设备问题及自己课堂教学的实际需求，提出针对智能设备的合理化建议。形成教师提出对智能设备建议，合作企业升级智能设备功能，教师再次优化教学的反馈的模式。

二、提高教师内在发展动力，完善教师人工智能素养考核制度

教师的智能素养不仅是人工智能时代教师的关键素养，也是推进智能教学的核心保障。提升教师人工智能素养可以从提高教师内在发展动力，制定细化的教师智能素养评价标准等多个方面入手。教师发展的内在动力是教师通过改变自身的内在观念而形成自我学习。评价考核等外推方式有助于教师主动提升人工智能素养。通过健全的评价标准和评价机制，可以为教师人工智能素养发展提供导向和衡量标准。因此，要提升人工智能素养策略如下：

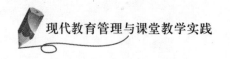

(一) 学校积极构建教师研修学习共同体

具有浓厚合作氛围的学习共同体能为教师发展提供强大的内生动力，提高教师教学的活力。为此，学校应打造网络化学习社区，发挥专家、名师在学习社区的指导作用。借助名师工作室、名校网络课堂等，整合专家、名师等资源，建立教师发展共同体社区，组织网络研修活动，助推教师发展。引导教师们踊跃参与学习共同体的构建，不同学科、不同年级的教师针对人工智能教学等问题进行交流学习，分享各自的教学经验和方法，使其成为更好的资源和平台，提升教师人工智能素养。

(二) 开展人工智能教学技能比赛

教育部门可组织并鼓励各学校大力开展校际、校内人工智能教学技能比赛，优秀课堂观摩等活动，鼓励教师积极参与，探索与展示新的人工智能教育教学的模式与方法。教师通过参与比赛了解自身在人工智能技术应用方面存在的不足，互相交流学习积累教学经验，在竞争机制中激发教师的内在发展动力，提高教师改进智能技术应用能力的主动性，以达到信息素养提升的目的。

(三) 结合学校实际情况，制定详细的人工智能素养评价标准

教师人工智能素养的提升离不开教育教学实践，健全的评价标准可以为教师人工智能素养发展提供导向和衡量标准，可以对学校的发展以及教师的专业成长产生促进作用。在对评价标准的实际构建和运用中，西夏区三所学校可结合学校实际情况，并参照《中小学教师信息技术应用能力标准 (试行)》《实施全国中小学教师信息技术应用能力提升工程2.0的意见》等关于信息技术应用能力方面的文件，制定细化地涉及教师的智能教学应用能力和资源整合能力等方面的人工智能素养评价标准。考虑到各学科对人工智能技术依赖程度不尽相同，制定评价标准时要做到关注学科差异。通过人工智能素养评价标准，统计教师使用智能教学次数制度，让教师使用智能技术进行教学有据可查。让教师明确学校对自身人工智能素养的要求，以此来不断优化课堂教学创新。

(四) 提高人工智能素养评价在教师综合考评中的比重，实施相关激励机制

学校的考核制度是对教师工作的全面性的评价，也是教师工作和发展的导向。学校可提高教师人工智能素养评价在教师综合评价中所占的比例，同时在人工智能素养评价中，采取有针对性的激励机制，奖优罚劣，调动教师提升人工智能素养的积极性。引导教师在自己的课堂教学中，不断学习、反思，让考核制度起到切实督促、鼓励教师提高人工智能素养的作用，进而不断优化课堂教学创新。

三、强化学校信息化管理团队的作用，注重智能技术人才培养

《实施全国中小学信息技术应用能力提升工程 2.0 的意见》中指出，加强校长引领的学校信息化管理团队建设，进而提高教学质量。学校信息化管理团队是教师开展信息化教学的重要推动力量，信息化管理团队成员应具备相关的信息技术应用能力和教育教学知识与技能，重点培养智能技术人才，为教师开展智能化教学提供支持。此外，信息化管理团队还应具备开阔的眼界，不断学习其他人工智能试点校课堂教学创新的优秀成果。对此，相应的提升策略如下：

(一) 补充、培养技术过硬的信息技术专任教师

针对人工智能试点校缺乏信息技术编制教师的问题，信息化管理团队可建议教育部门积极探索打破编制限制，和学校直接对接，每年引进一批具有信息化教育背景的技术人才。对引进学校来的信息技术编制教师，信息化管理团队开展针对性的人工智能技术培训强化指导，为教师智能教学中出现的问题提供技术支持。培养的技术过硬的信息技术教师，可以到参与到人工智能试点校的发展规划中来，为人工智能助推课堂教学创新的进一步发展贡献力量。

(二) 针对人工智能试点校信息化管理团队进行专项培训

基于人工智能技术不断发展的大背景下，教师工作任务越来越重，这

对学校信息化管理团队提出了更高的要求。教育管理部门应当加大对人工智能试点校信息化管理团队的培训力度，使管理者团队在培训中实现自我认识、学习提高，进而提升管理团队领导力，对人工智能试点校的进一步发展形成整体认知。促进信息化管理团队在日常管理中，更加注重人工智能助推课堂教学创新。

(三) 信息化管理团队参与教师智能教学研修活动

信息化管理团队可组织本校信息技术教师开展"手把手"支持带动帮扶工作，帮助本校利用智能设备教学的学科教师处理在智能设备方面遇到的问题，并教给他们更多智能技术的知识，便于他们在以后的教学中有效解决此类问题。教师们外出接受宁夏各级教育部门的培训后，信息化管理团队可根据教师培训的内容在学校教学中进行二次扩散性培训，保障教师培训的效果。除培训外，信息化管理团队可在校内建立智能技术应用优质课评选长效机制，促进教师深化智能技术应用。信息化管理团队全程参与二次性扩散培训和磨课等教研活动，不断加大智能教学的教研融合，优化智能教学。

(四) 学习人工智能试点校先进的领导团队经验

学校的信息化管理团队，可积极向其他人工智能实验区的人工智能试点校学习，学习如何利用智能技术助推课堂教学创新的先进经验和做法，并进行建设经验的总结和展示，以此来不断优化本校的智能教学。

四、创新培训模式，开展针对性分层次智能教学培训

当前教师的培训以在职培训为主，这种培训时间短、任务重，教师难以在短时间内吸收大量知识，且普遍采用知识讲授的培训方式，忽视了个体在能力方面的发展与要求。因此应采取以教师能力发展为核心的培训模式，做到以人为本，帮助教师参与到培训中获得实践能力的提升。具体提出如下策略：

(一) 设置智能培训内容梯度，建立分层培训机制

将教师按照信息技术应用能力高低分为不同等级，对于不同级别的教

师给予对应的强化培训。初级掌握人工智能技术的教师，对其进人工智能教学深度应用培训。掌握人工智能技术较熟练的教师，对其进人工智能教学学术理论培训，加强学术研究能力，提升教师教研结合的能力。通过实施分层培训，有利于教师自身的发展和成长，为教师提供工作动力。

(二) 利用智能技术平台提升教师智能教学培训效率，扩大培训覆盖面

建立基于人工智能的教师发展智能实验室和教师研修培训平台，打破县区地域间的资源壁垒，通过教师信息素养网络评测系统对教师教学、研修过程数据评测结果进行整合分析。以学习观摩、项目实操和经验研讨为主要方式，鼓励教师利用研修平台进行在线交流和讨论，形成在线交流社区，分享人工智能教学经验，创新教学理念。实现精准化的课程推送、个性化的培训选学，从而推动针对性的教师信息素养培训。每年定期组织全区校长、教研员和教师参加评分定级，推进人工智能靶向培训全覆盖。

(三) 开展人工智能教学培训跟踪服务

培训跟踪服务在教师培训中的作用往往被忽略，通过电话、现场指导等方式对参训学员的培训过程和学习结果进行及时的跟踪、诊断与指导，建立培训专家追踪服务团队。培训专家追踪服务团队可从四个方面开展工作。一是加强人工智能发展规划诊断与指导，培训专家以线上线下多种方式，对参与培训的教师所在学校人工智能教学发展规划方案的诊断与指导；二是加强人工智能教学诊断与指导。对参与培训教师进行诊断与指导，解决人工智能教学过程中出现的技术问题；三是加强研修成果提炼与萃取指导。对参与培训的教师通过网络平台、现场交流等方式，指导项目校萃取研修成果，形成人工智能优秀教学案例；四是促进培训效果的跟踪评价。通过项目驱动的方式开展培训效果质量评价研究，分别对项目校信息化发展、管理指导者智能教学能力与专业指导能力发展、一线教师的人工智能教学能力发展设置培训绩效评价指标和观测点，对培训效果和学校建设进行跟踪评价。

(四) 提升校本培训质量，提高教师实践水平

校本培训可以随时结合本校教师的工作时间、教学需要等，以此来提

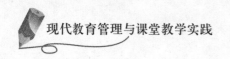

升教师信息素养。可从几方面着手：一是对学校教师进行分层培训，可根据年龄、学科、能力开划分教师层级，进而针对不同层级的教师开展不同的培训；二是培训应当立足于教师需求以及教学实践，汇总教师意见，根据教师需求展开，注重教师教学实践能力的提升，结合实际教学和学校环境设施来开展：三是注重教师交流协作，培训应为教师提供一个轻松的氛围，鼓励教师在培训中交流与反馈。

结束语

人类社会的进步离不开创新能力的推动，而创新的核心是人才的培养，所以，我国学校教育的首要目标是为国家创造创新型人才。各学校要不断完善教学管理体制，坚持以人为本，从教育模式、教学方法等方面进行实践探索，以此来推动创新型人才的培养。笔者通过研究认为，教育管理与课堂教学的实践路径如下：

(一) 树立正确的教学管理理念

首先，要结合现有的教育制度，对教学目标进行明确，并结合不同特点的学生进行综合考量来开展管理工作。以着重培养学生个性和创新能力为教育目的，对教学资源、教学过程进行优化和利用。学习先进的教学管理理念，并把其融入教学各环节实施过程中，提高学习意识和教学质量。

其次，教师是学校教育管理工作开展的主体，也是培养创新型人才的重要参与者。因此，学校教师在教学过程中，一要坚持"以人为本"的教育理念，将培养创新人才作为工作重要目标并且努力实现这个目标，为学生提供高质量的教育水平和教育内容。另外，学校教育管理者要注重学生的全面发展，教师不应仅仅重视学生的知识水平，以成绩衡量人，还要采取先进的教学方法促进学生德智体美劳全面发展，从而提升学生综合素质，为国家建设培养全面型人才。

最后，教育管理者应该坚持开放的教育理念，可以借鉴其他学校优秀教育教学理念和方法，从本校实际情况出发，坚持做到教育活动、科研活动的开放性，创新出符合本校要求的更学校的管理模式。由此，学校要树立正确的教学管理理念，并且不断学习更新，为高质量、高效率开展教育管理工作提供基础保障。

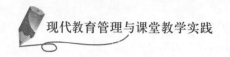

（二）采用先进教学方法创新教育模式

高质量的教育管理方法是提升教育管理者管理水平的重要保障。学校要积极创新与时代要求相符合的教育管理模式，并采用先进的教学方法，推动管理水平的提高。首先，教师积极引导学生参与教育管理工作，为学生创造更多实践机会，特定环境下，可以分一些管理权限给学生，以增强学生主体创造意识。其次，教师要引入信息化、智能化教学方法，依托技术的支撑，把教学工作和先进技术手段相融合，以此来提升教学水平。另外，学校管理者还要积极听取其他教师的建设性意见，或者借鉴其他学校先进的管理模式，并结合教育管理工作中的变化，及时优化自身教育管理制度，在不断创新的大环境下，坚持教育模式和方法的不断创新性、先进性，有助于学校教育管理工作的有效开展。

综上所述，培养创新人才是学校教育发展和改革提出的新要求，所以对于学校教育管理者而言，必须要树立正确的教育管理理念，打造高素质的教育队伍，不断创新教育教学管理模式，推动创新人才培养工作的有效开展。作为一名当代学生，我们要积极参与实践活动，不断提高自己的实践能力，激发自身的创新意识，提升自身综合素质，做一名具有时代创新精神的新青年。

参考文献

[1] 王峰.基于 AI 控制器的人工智能教学设计与实现 [J].中小学信息技术教育，2023(07)：56-57.

[2] 苗森，王卫东.基于 UbD 理念的初中人工智能单元教学设计与实施 [J].中国信息技术教育，2023(12)：38-41.

[3] 庄鑫.探讨人工智能在计算机辅助教学及学生学业评价中的应用 [J].科技资讯，2023，21(11)：212-215.

[4] 谭锡.人工智能赋能教育的教学模式构建与应用 [J].内江科技，2023，44(05)：27-28+41.

[5] 马涛.人工智能教育教学新要求——基于信息科技新课标的认识 [J].中国现代教育装备，2023(10)：5-7.

[6] 刘晓庆.初中教育管理信息化的发展现状、问题及对策研究 [D].沈阳：沈阳师范大学，2023.

[7] 王海波，车利.基于 TEAM Model 智慧课堂的学科教学模式探究 [J].中学教学参考，2023(12)：52-54.

[8] 丁颖.基于智慧课堂师生互动的教学改革研究与实践 [J].科技风，2023(11)：128-130.

[9] 叶方舟，王伟.重回课堂教育主阵地：智慧课堂教学效能感及其影响因素研究 [J].兵团教育学院学报，2023，33(02)：57-65+84.

[10] 李夏.移动互联网与大数据在多种专业教育管理中的应用 [J].集成电路应用，2023，40(04)：360-361.

[11] 俞强.教务管理系统在教学管理工作中的应用 [J].佳木斯职业学院学报，2023，39(04)：97-99.

[12] 康桐.OBE 理念下化学智慧课堂教学研究 [J].文理导航(中旬)，2023(04)：43-45.

[13] 周欢，张培颖．数字智能技术赋能的智慧课堂教学模式实践路径及挑战 [J]．中国现代教育装备，2023（05）：14-16．

[14] 胡小方，张里博．创新型人工智能人才培养的教学体系探究与改革 [J]．中国新通信，2023，25（06）：41-43．

[15] 高洁，彭绍东．教育人工智能背景下智慧教学工具的比较研究 [J]．上海教育科研，2023（03）：61-67．

[16] 方凌雁，滕春友．以教研转型助力学校教学管理变革 [J]．上海教育科研，2023（03）：25-30．

[17] 张琪立，王超，薛思敏，等．智慧课堂背景下计算机课程教学改革探索 [J]．电脑知识与技术，2023，19（07）：168-170．

[18] 周占美．人工智能校本课程的教学推进 [J]．教育研究与评论（中学教育教学），2023（02）：50-53．

[19] 李环，吴砥，朱莎，等．深度学习视域下智慧课堂教学模式的构建及应用研究 [J]．现代教育技术，2023，33（02）：61-70．

[20] 胡晓燕．智慧课堂教学模式下深度学习机制创新研究 [J]．大学，2023（05）：27-30．

[21] 卓然，丁岚．大数据时代教育管理的发展变化研究 [J]．中国教育学刊，2023（S1）：39-41．

[22] 罗曼．基于当代教育理念的教育管理策略初探 [J]．中国教育学刊，2023（S1）：42-44．

[23] 赖纪海．智慧课堂教学设计探究 [J]．教师博览，2023（03）：37-38．

[24] 王斌华，吕立晨．注重体验的人工智能教学模式实践探索 [J]．上海教育，2023（03）：65．

[25] 刘晶静．智慧课堂助力"仪器分析"教学改革探索 [J]．科教导刊，2023（02）：124-126．

[26] 孙众，于子淳．人工智能课堂教学分析与改进：人在回路的协同机制 [J]．电化教育研究，2023，44（01）：116-122．

[27] 潘美莲，李和香．人工智能技术提升课堂教学质量的有效性研究 [J]．办公自动化，2022，27（23）：36-38+42．

[28] 卿可心．智慧教学管理的实践路径探究 [J]．产业科技创新，2022，

4(05)：32-34.

[29] 苗玲.新时代区域教育管理信息系统建设路径思考[J].信息系统工程，2022(09)：83-86.

[30] 周伟，刘淑丽.大数据时代的教育管理模式变革探析[J].辽宁师专学报(社会科学版)，2022(04)：131-133.

[31] 黎亮.基于人工智能的课堂教学行为分析的实践研究[J].教育传播与技术，2022(04)：42-47.

[32] 袁玉龙.一种基于人工智能的课堂教学设计[J].现代职业教育，2022(31)：115-117.

[33] 王红.人工智能为教师课堂教学能力精准培养赋能[J].中小学数字化教学，2022(08)：1.

[34] 杨丽彬，黄靖元.基于人工智能课堂分析技术提升教师教学能力的应用研究[J].教育信息技术，2022(06)：10-13.

[35] 许筱宇.人工智能辅助教师课堂教学能力提升机制研究[J].汉字文化，2022(08)：158-160.

[36] 许世红，刘军民，王时舟，等.人工智能视域下课堂教学智慧评价：理论建构、模型支撑与技术实现[J].教育测量与评价，2022(02)：56-65.

[37] 包映虎.计算机技术在教育教学管理中的应用[J].中国新通信，2022，24(06)：121-123.

[38] 王开，汪基德.人工智能赋能课堂教学减负提质的机制、风险与应对[J].当代教育科学，2022(02)：57-65.

[39] 孟云飞.计算机信息化在教学管理中的应用[J].无线互联科技，2022，19(02)：138-139.

[40] 赵丽，贺玮，王洋.人工智能支持的课堂教学行为分析：困境与路径[J].电化教育研究，2022，43(01)：86-92.

[41] 李太成.基于智能搜索的中学教育管理机制研究[J].河南教育(基教版)，2023(02)：56-57.

[42] 管玉玲.关怀伦理融入中学教育管理的路径研究[J].中国多媒体与网络教学学报(下旬刊)，2022(03)：233-235.

[43] 张志军.中学课堂教学改革存在的问题及对策探究[J].考试周刊，2021(83)：19-21.

[44] 董光顺，周焱，方能.新课程背景下中学课堂教学技能调查研究[J].教学月刊·中学版(教学管理)，2021(10)：45-49.

[45] 穆小艳，张东风.基于先行课堂的中学课堂教学创新研究[J].基础教育论坛，2021(27)：10-11.

[46] 倪静天.一对一数字化环境下的中学课堂教学互动行为研究[D].沈阳师范大学，2021.

[47] 吴雪琴.数学文化在中学课堂教学中的实践探究[J].考试周刊，2021(16)：63-64.

[48] 马敏.大数据背景下中学教育信息化管理探析[J].中小学电教(教学)，2021(01)：1-2.

[49] 郭志鸿.现代信息技术在中学课堂教学中的应用现状与优化对策[J].课程教育研究，2020(52)：32+34.

[50] 任玉强.浅论中学课堂教学如何减负增效[J].学周刊，2021(01)：57-58.

[51] 刘向杰.中学教育管理中师生沟通问题的研究[J].科幻画报，2020(09)：117.

[52] 刘艳华.中学教育管理过程中存在的问题与对策分析[J].教学管理与教育研究，2020，5(14)：109-111.

[53] 姚立礼，章秋杰.人本化管理在中学教育管理中的运用策略[J].科普童话，2020(27)：176.

[54] 薛加泰.中学教育管理的信息化、智慧化的实施途径探析[J].文化创新比较研究，2020，4(10)：139-140.

[55] 刘薇.以新型课堂教学媒介提升中学课堂教学效率[J].安徽教育科研，2020(03)：81-82+109.

[56] 薛加泰.中学教育管理中对于人性化管理方法的应用研究[J].科学咨询(科技·管理)，2020(01)：40.

[57] 杨来祥.中学教育管理的"宽"与"严"[J].学周刊，2020(02)：160.

[58] 杨来祥.信息化时代中学教育管理的改革与创新 [J].学周刊,2020(03):167.

[59] 王平.大数据时代教育管理信息化建设与管理分析 [J].现代商贸工业,2020,41(02):62-63.

[60] 耿红卫,吕亚楠.中学课堂教学质量评价体系建构策略研究 [J].基础教育论坛,2019(30):41-44.

[61] 马进.人本主义视域下新时代中学教育管理探析 [J].散文百家,2019(10):114.

[62] 龙雁.浅析如何合理运用中学课堂教学模式 [J].学周刊,2019(28):119-120.

[63] 孔祥群.中学教育管理中的师生沟通问题分析 [J].读写算,2019(24):138.

[64] 魏献策.中学教育管理文化建设的原则与策略 [J].科教导刊(上旬刊),2018(34):153-154.

[65] 王小涛.人本管理背景下中学教育管理对策研究 [J].基础教育参考,2018(20):26-27.

[66] 陈金凤.中学教育管理中引入人本化理念的实践探讨 [J].中外企业家,2018(27):178-179.

[67] 郭征宇.中学教育管理中师生沟通存在的问题及对策研究 [J].科教导刊(下旬),2018(21):170-171+177.

[68] 吴禹莳.中学教育管理中的"师生沟通" [J].西部素质教育,2018,4(11):105-106.

[69] 李茂辉.实现中学教育管理人本化的途径与方法 [J].科学咨询(科技·管理),2018(06):38.

[70] 刘东升.中学教育管理中人本主义价值取向的思考 [J].教育现代化,2018,5(18):185-186.

[71] 张建锋.用信息化、网络化做好中学教育装备的管理 [J].新课程(下),2017(09):191.

[72] 潘敏.教育信息化管理在中学教育中的重要作用 [J].考试周刊,2016(42):165-166.

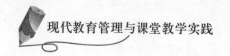
[73] 廉秋奎.中学教育信息化建设的意义与作用 [J]. 学园，2014（34）：145.

[74] 陈鑫.中学教育信息化管理存在问题及其对策 [J]. 校园英语，2014（10）：20.

[75] 潘丹敏.中学教育教学信息化资源管理方法研究 [J]. 福建电脑，2013，29(11)：184-186.